DIREITO À DIFERENÇA

O CONCEITO DE ÍNDIO INTEGRADO NO SUPERIOR TRIBUNAL DE JUSTIÇA DO BRASIL (2004-2017)

Catalogação na Fonte
Elaborado por: Dayanne Leal Souza
Bibliotecária CRB 9/2162

M528d
2024

Melo, Caio Ferrari de Castro
Direito à diferença: o conceito de índio integrado no Superior Tribunal de Justiça do Brasil (2004-2017) / Caio Ferrari de Castro Melo. – 1. ed. – Curitiba: Appris, 2024.
155 p. : il. ; 21 cm. – (Coleção Direito e Constituição).

Inclui referências.
ISBN 978-65-250-6488-8

1. Política indigenista. 2. Índio integrado. 3. Superior Tribunal de Justiça. 4. Etnicidade. 5. Identidade. I. Melo, Caio Ferrari de Castro. II. Título. III. Série.

CDD – 323.1

Livro de acordo com a normalização técnica da ABNT

Appris editora

Editora e Livraria Appris Ltda.
Av. Manoel Ribas, 2265 – Mercês
Curitiba/PR – CEP: 80810-002
Tel. (41) 3156 - 4731
www.editoraappris.com.br

Printed in Brazil
Impresso no Brasil

Caio Ferrari de Castro Melo

DIREITO À DIFERENÇA

O CONCEITO DE ÍNDIO INTEGRADO NO SUPERIOR TRIBUNAL DE JUSTIÇA DO BRASIL (2004-2017)

Appris editora

Curitiba, PR

2024

AGRADECIMENTOS

Agradeço, em primeiro lugar, ao meu orientador, professor Orlando, por ser uma inspiração como acadêmico e pessoa íntegra, por ter me incentivado à autonomia do pensamento, por ter sido aberto a todas as minhas ideias, ter estado disponível a ouvir minhas dúvidas e angústias e, sobretudo, por ter muito me ensinado ao longo dos últimos anos sobre Sociologia e Antropologia Jurídica.

Este estudo não poderia ter sido realizado sem o suporte da minha família, especialmente meus pais, Regiane e Arquilau, e minha irmã, Luiza, que me apoiaram e me deram todas as condições para que eu fizesse o melhor trabalho possível. Muito obrigado por tanto.

Agradeço à minha namorada, Bárbara, por acreditar em mim mais do que eu mesmo e por ter estado comigo em todos os momentos do desenvolvimento desta pesquisa. Você me inspira a ser a melhor versão de mim mesmo. Estendo meu agradecimento à família Magarian, por ter me recebido como um filho. Muito obrigado, Dona Eliana, Dr. Magarian e Dr. Luizinho.

Agradeço à minha prima Mayara, que sempre me apoiou academicamente, que teve a paciência de me ouvir quando precisei e que me inspirou na trajetória acadêmica.

Agradeço ao meu grande amigo Guilherme Diniz, com quem tenho um débito intelectual imenso. Você me mostrou a nobreza de defender projetos acadêmicos em que realmente acreditamos. Sou eternamente grato por todas as homenagens que já me fez em suas produções e espero, um dia, poder retribuí-las à altura.

Agradeço, por fim, aos amigos que, em algum momento, leram e fizeram comentários ao meu trabalho. Muito obrigado, João Vitor de Freitas Moreira e Mateus Ferreira.

Este livro é resultado de uma dissertação de mestrado realizada com apoio da Coordenação de Aperfeiçoamento de Pessoal de Nível Superior – Brasil (Capes) – Código de Financiamento 001.

PREFÁCIO

A carreira docente no Brasil é permeada por percalços e desafios que muitas vezes desestimulam aqueles que a ela se dedicam. Contudo, tais vicissitudes são compensadas pela possibilidade de acompanhar a trajetória intelectual de pesquisadores que, com seu esforço e talento, contribuem para o desenvolvimento da reflexão sobre temas de grande importância social no país. Tal é o caso do autor desta obra. Eu tive a grata oportunidade de acompanhar o desenvolvimento acadêmico de Caio Ferrari de Castro Melo desde a sua graduação em Direito na Universidade Presbiteriana Mackenzie. Já naquele momento, delineava-se um pesquisador de grande valor. Conciliando a sua formação em Direito com a graduação em Ciências Sociais — realizada na Faculdade de Filosofia, Letras e Ciências Humanas da USP —, Caio Ferrari de Castro Melo já se destacava como um jovem intelectual muito promissor.

A presente obra consiste na dissertação de mestrado defendida pela autor, sob minha orientação, no Programa de Pós-Graduação da Faculdade de Direito da USP, em novembro de 2022, perante a Banca Examinadora, composta por mim e pelos professores Márcio Alves da Fonseca (docente e então pró-reitor de Pós-Graduação da Pontifícia Universidade Católica de São Paulo), Elza Antonia Pereira Cunha Boiteux (docente da Universidade de São Paulo) e Denise Auad (docente da Faculdade de Direito de São Bernardo do Campo). Foi uma das últimas bancas que teve o privilégio de contar com a participação da professora Elza Boiteux.[1]

Assim, a veiculação desta importante e atual pesquisa pela editora Appris consagra um esforço de reflexão já reconhecido institucionalmente pela Faculdade de Direito da USP e, sobretudo, permite que um público mais amplo tenha a oportunidade de se beneficiar das análises nela consignadas. Como se sabe, o

[1] Cabe aqui fazer uma homenagem à professora Elza Antonia Pereira Cunha Boiteux, falecida em dezembro de 2023, cuja inspiradora trajetória de dedicação à docência merece ser lembrada.

lamentável predomínio de uma lógica meramente comercial no mercado editorial brasileiro tem impedido que inúmeras pesquisas relevantes obtenham uma difusão mais ampla. Por esse motivo, é preciso congratular a editora Appris pela iniciativa de publicação desta obra.

Inicialmente, cabe destacar a excepcional maturidade intelectual, sensibilidade e seriedade do autor ao enfrentar um tema que apresenta grande complexidade. Em sua empreitada analítica, Caio Ferrari de Castro Melo assume todos os desafios que seu objeto de pesquisa lhe impõe, desenvolvendo, assim, uma abordagem de caráter interdisciplinar que nada tem de trivial. Para que o leitor possa aquilatar a importância da obra que tem em mãos, vale a pena fazer algumas breves considerações acerca do assunto sobre o qual ela versa.

A representação depreciativa dos povos indígenas permeia a história do Brasil. Desde o período colonial, constitui-se uma visão de que os povos indígenas deveriam ser incorporados à sociedade brasileira. Referindo-se a esse período, Caio Prado Jr. ressaltava o caráter violento das "expedições de preamento" que escravizavam os povos indígenas com o suposto propósito de "iniciá-los" às supostas "belezas da civilização".[2] Assim, as diversas missões religiosas que, como contrapartida da catequese, procuravam proteger os povos indígenas eram sistematicamente desrespeitadas pelos colonos que, ademais, tal como enfatiza o historiador John Hemming, viam nelas um local privilegiado de captura de "índios amansados" e já habituados ao trabalho.[3]

---

[2] Cf. PRADO JR., Caio. *Evolução política do Brasil: colônia e império*. 2. ed. São Paulo: Brasiliense, 1994. A respeito, ver: VILLAS BÔAS FILHO, Orlando. História, direito e a política indigenista brasileira no século XX. *In*: VILLAS BÔAS FILHO, Orlando (org.). *Orlando Villas Bôas*: expedições, reflexões e registros. São Paulo: Metalivros, 2006. p. 32-34.

[3] Cf. HEMMING, John. Os índios na fronteira do Brasil colonial. *In*: BETHELL, Leslie. *América Latina Colonial II*. São Paulo: Editora da Universidade de São Paulo; DF: Fundação Alexandre Gusmão, 2001, p. 435. Aliás, não se pode esquecer que os constantes conflitos entre colonos e jesuítas levaram à expulsão desses últimos, em 1759, pelo Marquês de Pombal, abrindo caminho para a intensificação dos abusos cometidos por parte dos colonos. Cf. HEMMING, John. *Red Gold:* the conquest of Brazilian Indians. London: Macmillan, 1978; HEMMING, John. *Amazon Frontier*: the defeat of the Brazilian Indians. London: Macmillan, 1987.

Durante o Império, a situação dos povos indígenas no Brasil foi permeada por intenso desrespeito e violência. Tal como ocorrera no decorrer do período pombalino, a solução encontrada para a problemática indígena tendeu a ser a de sua assimilação.[4] A proposta assimilacionista foi, aliás, muito bem expressa por José Bonifácio de Andrada e Silva em seus *Apontamentos para a civilização dos índios bravos do Império do Brasil*, apresentados à Assembleia Constituinte de 1823. Referindo-se aos povos indígenas, José Bonifácio propunha o banimento do que considerava ser a sua "ignorância" e de sua "barbárie de costumes".[5]

Ao longo do século XX, os povos indígenas também foram submetidos a sistemático desrespeito e violência. Mesmo que se considere que o balanço geral lhes seja positivo nesse século,[6] o fato é que as violações de seus direitos foram recorrentes, especialmente durante o período do regime militar. Referindo-se a esse período, o antropólogo Shelton H. Davis ressaltou que nosso país seria um exemplo paradigmático de desrespeito aos direitos dos povos indígenas em nome de um ambicionado "desenvolvimento nacional".[7] O autor norte-americano focaliza essencialmente o contexto do regime militar. Contudo, a dinâmica perniciosa desvelada por sua análise continuou a se desenvolver após esse período e remanesce, ainda que mitigada, até hoje. Assim, seria possível afirmar que, em meio ao processo de exploração predatória e indiscriminada que, nas décadas que medeiam entre o "milagre econômico" e o "espetáculo do crescimento" (nunca efetivamente ocorridos), os

---

[4] A respeito, John Hemming (1987, p. 148) ressalta que "government officials, politicians, ecclesiastics and foreign visitors all had their personal analyses of Indian character and solutions for the problem of 'civilizing' this baffling race".

[5] Cf. SILVA, José Bonifácio de Andrada e. *Projetos para o Brasil*. São Paulo: Companhia das Letras; Publifolha, 2000 (Grandes Nomes do Pensamento Brasileiro). Acerca das motivações que estão na base da ênfase dada por José Bonifácio à assimilação dos índios, ver: DOLHNIKOFF, Miriam. Introdução. *In*: SILVA, José Bonifácio de Andrada e. *Projetos para o Brasil*. São Paulo: Companhia das Letras; Publifolha, 2000. p. 13 (Grandes Nomes do Pensamento Brasileiro).

[6] Segundo John Hemming "a balance sheet of Brazil's indigenous peoples at the end of the twentieth century is remarkably positive." HEMMING, John. *Die if you must*: Brazilian Indians in the Twentieth century. London: Macmillan, 2003. p. 636.

[7] Cf. DAVIS, Shelton H. *Victims of the miracle:* development and the Indians of Brazil. Cambridge: Cambridge University Press, 1977. p. 12.

direitos dos povos indígenas foram sistematicamente desrespeitados em prol de uma ideologia desenvolvimentista que, no imaginário brasileiro, parece ser capaz de tudo justificar.[8]

O grande mérito desta obra consiste no esforço de empreender um estudo das visões de mundo sobre indígenas que circulam entre os ministros do Superior Tribunal de Justiça (STJ). Para tanto, assumindo uma abordagem interdisciplinar, o autor procura compreender como tais magistrados interpretam o conceito de "índio integrado", estabelecido pelo inciso III, art. 4º, da Lei 6.001/1973 (Estatuto do Índio). Para tanto, Caio Ferrari de Castro Melo realiza uma investigação empírica qualitativa das decisões prolatadas pelo do STJ no período de 2004 a 2017 e o faz mediante uma sofisticada análise de conteúdo, fundada especialmente nos trabalhos de Laurence Bardin, e de um manejo consistente da antropologia interpretativa de Clifford Geertz. Desse modo, adimplindo o objetivo que se propõe, o livro fornece elementos indispensáveis para o embasamento de uma avaliação crítica das visões manifestadas pelo Poder Judiciário acerca dos povos indígenas, no que concerne às suas identidades e aos seus direitos.

Para tanto, o livro é composto de três capítulos. O primeiro consigna uma reflexão de método na qual, inicialmente, é feita uma breve exposição do lugar da subjetividade do pesquisador diante de seu objeto de pesquisa. Em seguida, é feita a indicação que nela tem o STJ como instância decisória. Além disso, também é feita uma exposição dos procedimentos de coleta e análise utilizados na pesquisa e dos pressupostos teóricos e metodológicos que a embasaram. O segundo contém uma exposição do desenvolvimento e do estado atual da política e da legislação indigenista brasileira. Desse modo, apresenta algumas das principais particularidades do Estatuto do Índio na atualidade diante do paradigma constitucional vigente, considerando principalmente a Constituição Federal de 1988 e a Convenção 169 da Organização Internacional do Trabalho. Vale notar que, nesse capítulo, o autor procura desen-

[8] É justamente a partir do regime militar no Brasil que se desenvolveu o "modelo integracionista" de política indigenista (Davis, 1977).

volver uma análise de caráter interdisciplinar para, a partir dela, apreender adequadamente a temática de sua pesquisa.[9] Por fim, é feita a análise das decisões judiciais selecionadas, mediante o uso de softwares de organização e análise de dados Microsoft Excel e NVivo, com o propósito de explicitação dos critérios utilizados nas decisões judiciais para a classificação de um grupo indígena como integrado.

Por todos esses motivos, o livro *Direito à diferença: o conceito de índio integrado no Superior Tribunal de Justiça do Brasil (2004-2017)* mostra-se importante. Para além da significativa contribuição que traz para a pesquisa interdisciplinar, ele também serve de crítica às abordagens meramente formais e dogmáticas acerca dos processos decisórios que envolvem povos indígenas no Brasil. Ao explicitar as representações que norteiam essas decisões, o livro desvela os condicionamentos sociais que se projetam sobre as relações juridicamente alinhavadas. Trata-se, desse modo, de uma leitura incontornável a todos aqueles que se dedicam a essa discussão.

Orlando Villas Bôas Filho
Professor da Faculdade de Direito da USP e da Faculdade de Direito da Universidade Presbiteriana Mackenzie

---

[9] Acerca da necessidade de uma abordagem interdisciplinar dessa temática, ver: VILLAS BÔAS FILHO, Orlando. A juridicização e o campo indigenista no Brasil: uma abordagem interdisciplinar. *Revista da Faculdade de Direito da USP*, v. 111, p. 339-379, jan./dez. 2016; VILLAS BÔAS FILHO, Orlando. A juridicização e os povos indígenas no Brasil. *In*: LIMA, Emanuel Fonseca; AURAZO DE WATSON, Carmen Soledad (org.). *Identidade e diversidade cultural na América Latina*. Porto Alegre: Editora Fi, 2017. p. 21-52; VILLAS BÔAS FILHO, Orlando. Juridification and the Indigenous peoples in Brazil: the ambivalence of a complex process. *In*: COLLIN, Peter; CASAGRANDE, Agustín (ed.). *Law and diversity*: European and Latin American experiences from a legal perspective, vol. 1: Fundamental Questions. Frankfurt am Main: Max Planck Institute, 2023. p. 359-384.

SUMÁRIO

INTRODUÇÃO 15

1
NOTAS METODOLÓGICAS 21
1.1 A condição de pesquisador 21
1.2 Desenhando a aldeia 24
1.3 Coleta e interpretação dos dados 34

2
LEGISLAÇÃO E POLÍTICA INDIGENISTA NO BRASIL 45
2.1 Panorama geral de inserção do direito indigenista brasileiro 45
2.2 A política indigenista brasileira no século XX (1910-1972) 49
2.3 O Estatuto do Índio (1973-1987) 53
2.4 Da Assembleia Nacional Constituinte à Constituição da República Federativa do Brasil de 1988 68
2.5 A intensificação da problemática jurídica: Convenção 169 da OIT e legislação internacional 78

3
DECISÕES SOBRE "ÍNDIO INTEGRADO" NO SUPERIOR TRIBUNAL DE JUSTIÇA 89
3.1 Amostra geral do perfil dos processos encontrados 89
3.2 Análise da linguagem empregada nas decisões judiciais 95
3.3 Análise da fundamentação 104
3.4 Usos e sentidos dos conceitos de "integração", "aculturação" e "assimilação" em decisões judiciais 129
3.5 "Cultura" e cultura: visão estática e dinâmica do conceito de cultura em decisões judiciais 135
3.6 Decisões sobre "indígena integrado" e o paradigma constitucional vigente 139

CONCLUSÃO: VISÕES DE MUNDO E O PARADIGMA PROTETIVO VIGENTE 143

REFERÊNCIAS 149

INTRODUÇÃO

Este livro propõe uma investigação interdisciplinar[10] entre os campos do direito e da antropologia social, mais especificamente da antropologia do direito, também chamada de "antropologia da juridicidade" (Villas Bôas Filho, 2010, p. 322). Possui interface com os projetos de pesquisa "Modernidade plural e culturas jurídicas", desenvolvido pelo professor Orlando Villas Bôas Filho, e "Constelações normativas", produzido pelo professor Samuel Rodrigues Barbosa, ambos partem da linha de pesquisa "Antropologia, democracia e teoria social", do Departamento de Filosofia e Teoria Geral do Direito, da Faculdade de Direito da Universidade de São Paulo (FDUSP).

O tema deste estudo é a condição de integração do indígena no direito brasileiro. Buscamos, especificamente, pesquisar as "visões de mundo" que portam os ministros do Superior Tribunal de Justiça (STJ) a respeito dos povos indígenas. Para tanto, realizamos um estudo de decisões judiciais, em que tentamos compreender como o STJ utiliza o conceito de "índio integrado" disposto no inciso III, art. 4.º, da Lei 6.001/1973 (Estatuto do Índio) e refletir sobre seus efeitos, bem como a conveniência de sua aplicação. Pretendemos fazer uma análise do conteúdo de decisões do STJ sobre a temática no período de 2004 a 2017.

Pesquisamos decisões judiciais que discutissem os critérios que o STJ tem utilizado para classificar indígenas como integrados ou não, para, em seguida, quantificarmos e procedermos à análise qualitativa desses documentos. Trata-se, portanto, de um trabalho predominantemente empírico de viés qualitativo, do

---

[10] O termo intersdisciplinar é aqui tomado como característica do campo de estudos sociojurídicos em que há contribuições provenientes das ciências sociais de modo que seja obtida "[...] uma compreensão mais sofisticada da regulação jurídica" (Villas Bôas Filho, 2019, p. 547), bem como uma explicitação do enraizamento social do direito e um instrumento para "vigilância epistemológica" da pesquisa (Villas Bôas Filho, 2019, p. 547-548).

que se infere que não se trata de uma pesquisa para medir dados, mas sim, para procurar e identificar suas naturezas (Mezzaroba; Monteiro, 2014, p. 136).

É a partir de 2004, ano em que se inicia a vigência da Convenção 169 no Brasil, até a contemporaneidade fixada em 2017, que centramos nossa análise e discussão. Isso se justifica pelo fato de que seria com a vigência dessa Convenção que passa a estar formalmente consolidado aquilo que consideramos o atual paradigma protetivo[11] com relação aos direitos humanos dos povos indígenas.

Compreender como a noção de "índio integrado" tem sido aplicada pode capacitar o debate público acerca dos direitos dos povos indígenas, permitindo-se uma avaliação a respeito de visões que o Judiciário tem sobre os povos indígenas, suas identidades e seus direitos. Para chegar a esse ponto, estruturamos este livro em três capítulos, com os seguintes eixos: 1) metodologia; 2) formação da política e legislação indigenista atual; e 3) análise e interpretação de decisões judiciais.

No capítulo inicial, fizemos considerações metodológicas nas quais este livro se fundamenta, em quatro etapas. Na primeira, expusemos muito brevemente nossas considerações a respeito do lugar da subjetividade do pesquisador neste trabalho. Na segunda parte, tentamos delinear o que é o STJ enquanto instituição relevante para esta pesquisa, suas competências e sua relação com os demais órgãos do Poder Judiciário brasileiro. Na terceira parte, tratamos dos procedimentos de coleta e análise de dados que utilizamos em nossa pesquisa, bem como evidenciamos uma série de pressupostos teóricos e metodológicos nos quais nos baseamos.

No segundo capítulo, fizemos a exposição do desenvolvimento e do atual estado da política e da legislação indigenista brasileira, construindo, assim, o subsídio jurídico-normativo de nossa pesquisa. Fundamentalmente, apresentamos as principais particularidades do Estatuto do Índio na atualidade diante do paradigma constitucional vigente, considerando principalmente

[11] Expressão que convencionamos aqui se tratar do atual complexo de política indigenista, direitos e garantias especialmente direcionados aos povos indígenas.

a Constituição Federal de 1988 e a Convenção 169 da Organização Internacional do Trabalho (OIT). Também é objetivo dessa etapa do trabalho explicitar de que espécie de política indigenista o Estatuto do Índio é fruto com base na literatura jurídica, historiográfica e antropológica, uma vez que, como diz Villas Bôas Filho (2017b, p. 551), esse tipo de problemática demanda a conjugação de dimensões históricas, antropológicas e sociais, além de jurídicas.

No terceiro capítulo, procedemos à análise das decisões judiciais selecionadas. Com o uso de softwares de organização e análise de dados Microsoft Excel e NVivo, procuramos evidenciar os critérios utilizados nas decisões judiciais para classificar um indígena como integrado. Nesse momento, empregamos diversos expedientes gráficos como tabelas e nuvens de palavras para aprimorar a apresentação de nossos dados e análise. Com base nos dados entabulados e processados nesses programas, desenvolvemos a análise de conteúdo dos documentos.

A análise de conteúdo aqui aplicada é baseada naquela desenvolvida por Bardin (2016), a qual acreditamos que se trata de uma forma de amenizar incertezas, de modo a trazer elementos objetivos que possam ser submetidos à apreciação externa e, desse modo, ser passíveis de verificação por pares. Nesse sentido, a análise de conteúdo exerce "[...] uma função de administração da prova" (Bardin, 2016, p. 35). Na mesma linha, a análise de conteúdo também permite um enriquecimento de nossa leitura, pois possibilita o aprofundamento do significado de conteúdos e estruturas não perceptíveis à apreensão imediata (Bardin, 2016, p. 35).

Integrada à análise de conteúdo, com o fim de servir de base teórica à interpretação, bem como avaliação de hipóteses e generalização de conclusões, inspiramo-nos na antropologia interpretativa de Clifford Geertz, notadamente em seu conceito de "visão de mundo".

Com a ajuda dos programas de análise, tentamos verificar hipóteses como: 1) se, nas decisões judiciais, os julgadores entendem e aplicam "integração" no sentido de "assimilação"; 2) se estes têm uma visão essencialista, isto é, estática, do que seja "cultura"; 3) se o uso que tem sido feito da noção de "índio integrado" está em conformidade com o paradigma constitucional vigente.

Acreditamos que a presente pesquisa tem relevância para diferentes atores e áreas do conhecimento. Consideramo-la importante, em primeiro lugar, para os povos indígenas do Brasil que, como minoria étnica, isto é, "população politicamente dominada" (Bastide, 2009, p. 37), poderão ter mais bem descrito e avaliado o atual estado de sua proteção pela legislação, uma vez que as disputas sobre as classificações étnicas dos índios estão ligadas às disputas políticas desses sujeitos por seus direitos, conforme evidenciam Almeida (2010, p. 19) e Carneiro da Cunha (2012, p. 101). Compreender essas disputas acerca da classificação étnica dos povos indígenas também nos permite criticar a atuação judicial e, a partir daí, influenciar a definição de "[...] qual a extensão dos direitos indígenas positivados na Constituição" (Barbosa, 2018, p. 133).

É possível perceber como a ideia de "integração" do índio e, portanto, sua classificação étnica, tem repercussões práticas importantes para esses sujeitos de direitos se observarmos os benefícios de cumprimento de pena previstos no Estatuto do Índio, os quais só podem ser concedidos aos indígenas classificados como "não integrados à sociedade nacional", segundo a jurisprudência dominante nos tribunais. São exemplos a atenuação da pena de que fala o *caput* do art. 56 e o cumprimento de pena em "regime especial de semiliberdade no local de funcionamento do órgão federal de assistência aos índios mais próximos da habitação do condenado" (Brasil, 1973, s/p.) de que fala o parágrafo único do referido artigo.

Os resultados encontrados também podem se revelar importantes na prática de aplicadores do direito como juízes, promotores, procuradores da República e advogados, por exemplo, pois permitem diagnosticar qual o atual estado da jurisprudência a respeito do assunto, quais os argumentos levantados e os critérios de decisão judicial utilizados, o que fomenta a discussão clara e dotada de embasamento empírico sobre o assunto.

Entendemos que da presente pesquisa podem surgir contribuições disciplinares diretas e indiretas. Diretamente, pode contribuir para a antropologia do direito e os direitos humanos. Indiretamente, pode ajudar no aprofundamento de questões relativas à diversidade cultural na teoria do direito e, também, aos direitos humanos como campo de estudo.

No que tange às contribuições diretas, os resultados do trabalho podem contribuir para a antropologia do direito, pois amparam a discussão de questões e conceitos centrais para a antropologia e para o direito como aculturação, assimilação, integração, política indigenista brasileira e identidade étnica. Na área de direitos humanos, a pesquisa oferece aporte descritivo de parte da situação atual dos sujeitos de direitos indígenas.

Indiretamente, acreditamos que a pesquisa tem o potencial de oferecer subsídio crítico-normativo para uma reflexão sobre os limites das teorias tradicionais em direitos humanos. Desse modo, pode ajudar a subsidiar futuramente uma teoria dos direitos humanos que goze de mais legitimidade e aplicabilidade. Por fim, quanto à teoria do direito, a pesquisa contribui de forma indireta para a construção de uma "ciência não etnocêntrica do direito" (Alliot, 1983a *apud* Eberhard, 2002, p. 497) na medida em que seus resultados permitem questionar o ponto de partida muitas vezes etnocêntrico na forma como é aplicado o direito e construída a teoria jurídica da decisão judicial.

Por fim, entendemos que a escassez de investigações da problemática recortada é também justificativa da importância do estudo aqui referido. Em que pese a existência de trabalhos na área do direito sobre a temática dos direitos dos povos indígenas ou a análise de decisões judiciais relativas a esses povos, tais pesquisas se concentram quase exclusivamente na questão fundiária e têm foco em questões jurídico-formais e não empíricas. No campo da antropologia, há estudos sobre as políticas indigenistas e sobre os povos indígenas, mas poucos que se dedicam a estudar como os tribunais aplicam a legislação produzida por essas políticas, principalmente tratando-se do período aqui analisado, o século XXI, especificamente no período 2004-2017. Trata-se, em certa medida, de dar conta do que aponta Villas Bôas Filho (2017b, p. 551) quando diz que, "[...] até o momento, não existem pesquisas acerca das representações que os diversos setores da sociedade nacional detêm sobre as comunidades indígenas".

Nesse sentido, entendemos que o presente livro tem relevância disciplinar para a antropologia do direito no Brasil.

A pesquisa aqui proposta não visa esgotar o tema dos direitos dos povos indígenas ou do conceito jurídico de integração do índio. Apenas busca-se apresentar uma contribuição aos campos do direito e da antropologia, dentro dos limites materiais e temporais de uma dissertação de mestrado e daqueles impostos pela problemática exposta.

1

NOTAS METODOLÓGICAS

1.1 A condição de pesquisador

Antes de iniciar propriamente, acredito que seja importante fazer, neste momento, um breve exercício reflexivo sobre a relação entre pesquisador e a presente pesquisa. Nesta parte, farei uso da primeira pessoa do singular. Nos outros itens e capítulos, voltarei a usar a primeira pessoa do plural para me referir a mim mesmo. Assim, para todos os efeitos, "nós" pode ser sempre considerado como "eu" neste estudo.

Em primeiro lugar, é importante notar que a pesquisa aqui realizada, assim como qualquer outra, não só as que mobilizam o fazer etnográfico propriamente, tem a influência da subjetividade do pesquisador. Não se trata, de um lado, de abandonar quaisquer pretensões científicas e, de outro, defender uma neutralidade acadêmica ingênua, e sim de pôr em evidência limitações, de explicitar condições sociais incontornáveis ao sujeito pesquisador. Acredito que tão importante quanto buscar a "imparcialidade" como um critério regulador da produção científica está o fato de ter consciência de quais características sociais relevantes nos atingem, devido ao fato de que delas não podemos nos livrar.

O presente trabalho é fruto de uma dissertação desenvolvida por um mestrando do Departamento de Filosofia e Teoria Geral do Direito da Universidade de São Paulo, portanto detém as características materiais e intelectuais desse campo em que me desenvolvo. É importante considerar que passei pelo processo formativo da graduação em direito por uma instituição privada, que é a Faculdade de Direito da Universidade Presbiteriana Mackenzie, e também da graduação em Ciências Sociais da Faculdade de Filosofia, Letras e Ciências Humanas da Universidade de São Paulo. Por esse motivo, tanto o mundo das ciências sociais como do direito não são novidades para mim, criando a dificuldade da familiaridade que a história de vida e posições sociais que vivenciei podem gerar. Tenho consciência disso e tento explicitar aqui pressupostos científicos e posições pessoais que são relevantes para qualquer pesquisa.

Tendo sido criado em uma família de classe média com muitos membros do Poder Judiciário e profissionais do direito (magistrados e advogados) e, mais importante, não sendo indígena, falo de uma posição social do homem branco heterossexual de classe média, que não tem a pretensão de dizer pelos povos indígenas quem é categoricamente indígena ou não. Diante disso, não obstante eu descreva e teorize sobre a condição indígena no direito brasileiro, falo a partir de minha "localização social" (Ribeiro, 2019, p. 82), consciente dos privilégios e das limitações epistêmicas que isso pode vir a ter e aberto às críticas éticas e/ou epistemológicas que outros possam fazer acerca de meu trabalho.

Também não sendo propriamente um antropólogo, mas um pesquisador do direito, acredito que minha apropriação da teoria antropológica e de seus saberes/fazeres não é aquela que se espera de um antropólogo, que conduz trabalho de campo presencial extensivo e se mune majoritariamente da literatura antropológica. Não se trata, portanto, de um exercício de "mimetismo acrítico do que fazem os antropólogos" (Villas Bôas Filho, 2018, p. 31).

O fato de se explorarem os aportes das ciências sociais nesta pesquisa não implica uma conversão de uma pesquisa jurídica em uma de antropologia, mas sim o desenvolvimento de uma abordagem beneficiada pela interdisciplinariedade e "capaz de propiciar uma ciompreensão mais cosnsistente da regulação jurídica" (Villas Bôas Filho, 2019, p. 539, 545).

Neste, utilizei, por vezes, o termo "índio" mesmo sabendo dos debates que, atualmente, propõem o seu desuso, pois entendo que, sendo esse termo consagrado na Constituição, leis e em toda a literatura jurídica, não pode ser abandonado, devendo, sim, ter seu significado ser disputado em prol de interpretações mais protetivas aos direitos dos povos indígenas.

Compreendo que, aos olhos dos vários tipos de cientistas sociais que estão fora do ambiente jurídico, por vezes manifesto jargões, cacoetes e idiossincrasias que podem não estar afinados com o melhor fazer científico, mas ensaio minimizar isso no que for possível e necessário para a melhor comunicação e divulgação científica. Acredito, no entanto, que a pesquisa que desenvolvo não deixa de ter uma relevante contribuição disciplinar ao campo da antropologia jurídica.[12]

A problemática que desenvolvo neste trabalho não foi minha ideia inicial no mestrado. Ingressei e fui aprovado com um projeto sobre a crítica ao universalismo dos direitos humanos a partir do autor franco-austríaco Christoph Eberhard. O objetivo do trabalho era trazer à discussão brasileira um autor inovador e original que pudesse me ajudar a tematizar a questão da universalidade dos direitos humanos de modo a considerar a diversidade cultural dos seres humanos.

Apesar do grande interesse que o teórico despertou em mim, tive dificuldades de trabalhar com sua teoria. Enquanto lia o autor, apercebi-me de que me faltavam muitos dos referenciais necessários para fazer uma incorporação consequente de seu pensamento e proceder com uma crítica que trouxesse uma boa contribuição ao debate sobre direitos humanos na atualidade. Além disso, comecei a desacreditar do projeto do autor, entendendo, cada vez mais, que ele se dirigia a um horizonte utópico. Também por estar todas as principais referências em francês, o desenvolvimento do trabalho ocorria demasiadamente lento em razão de minha pouca experiência com a língua francesa.

Quando cursei a disciplina "História dos Direitos Humanos e o Processo de Especificação do Sujeito de Direito", ministrada pelo professor Guilherme Assis de Almeida e pela professora Bibiana

[12] Ou do direito ou da juridicidade, aqui tomadas todas como sinônimos.

Graeff, fui instado a fazer uma pesquisa empírica como conclusão de disciplina. Procurei um colega de classe que lidava com direito internacional e povos indígenas para realizar esse trabalho em dupla. Buscando no STJ por julgados a respeito de povos indígenas para ter ideias do que escreveríamos, deparei-me com este tema que agora desenvolvo. Na época, propus ao meu colega desenvolver o projeto na disciplina, mas ele não acatou a ideia e fizemos um trabalho com o tema "adoção indígena". Fiquei, contudo, intrigado com aquilo que havia encontrado e decidi mudar meu projeto para estudar decisões judiciais sobre os indígenas considerados "integrados à sociedade" pelo Poder Judiciário.

De minhas convicções pessoais, acredito ser relevante ressaltar que tenho uma posição intelectual semelhante à maioria dos pesquisadores em sociologia e antropologia do direito de minha época: o Poder Judiciário muitas vezes não se comporta conforme o esperado em uma democracia moderna, reproduzindo também injustiça e discriminação ao realizar sua função jurisdicional. No caso específico da identidade étnica dos povos indígenas, há uma quantidade significativa de relatos difusos de discriminação por parte da sociedade em geral e do Poder Judiciário brasileiro com relação a suas reivindicações, interesses e direitos. Não sendo o Poder Judiciário e seus membros imunes ao ambiente social geral da sociedade brasileira, estão, também eles, em determinado grau, partilhando do ambiente mais geral de ideias sobre os povos originários, que entendemos ser marcado majoritariamente pelo preconceito concernente a seus modos de vida.

1.2 Desenhando a aldeia

Desvio comum em textos produzidos por juristas, especialmente quando são monografias acadêmicas e direcionadas a públicos mais amplos que os do direito, é a supressão da explicitação das regras institucionais que se impõem sobre os objetos enfocados. A fim de evitar o quanto possível esse tipo de prática, buscamos fazer aqui um "exercício de estranhamento" com relação à instituição que estamos observando. Examinaremos, portanto, alguns aspectos básicos dessa instituição e quais as justificativas metodológicas para envolvê-la em nossa pesquisa.

Para que possamos compreender melhor o objeto que observamos, procuramos explicitar a seguir o que é o STJ a partir de três eixos intimamente relacionados:

1) as atribuições mais relevantes da corte; 2) sua composição; 3) sua relação com outros órgãos do Poder Judiciário e da Administração Pública em geral. Assim como todo antropólogo que chega a uma aldeia desconhecida, propomo-nos ao exercício primário, porém fundamental, de representar os principais marcos espaciais que dão contexto à pesquisa. Trata-se de "desenhar a aldeia".[13]

O Poder Judiciário brasileiro tem como órgãos o Supremo Tribunal Federal, Conselho Nacional de Justiça, Superior Tribunal de Justiça, Tribunal Superior do Trabalho, Tribunais Regionais Federais e Juízes Federais, Tribunais e Juízes do Trabalho, Tribunais e Juízes Eleitorais, Tribunais e Juízes Militares e Tribunais e Juízes dos Estados e do Distrito Federal e Territórios, conforme o art. 92 da Constituição da República Federativa do Brasil de 1988 (CRFB/1988). Nesse sistema, o Supremo Tribunal Federal e o Conselho Nacional de Justiça ocupam o protagonismo na direção do Poder Judiciário e o primeiro possui posição hierárquica superior aos demais tribunais. Aos tribunais superiores, também são dadas atribuições destacadas nesse sistema. Especificamente no caso do Superior Tribunal de Justiça, uma atribuição sua é a de uniformizar a interpretação das leis federais do Brasil. O tribunal dá soluções jurídicas a casos civis e criminais de que não sejam incumbidos os outros tribunais ou que não sejam de matéria constitucional.

A posição do Superior Tribunal de Justiça em relação ao Poder Judiciário como um todo pode ser mais bem evidenciada a partir da Figura 1:

---

[13] Credito à professora Rebecca Forattini Altino Machado Lemos Igreja essa metáfora genial em comunicação oral que proferiu no V Curso de Métodos e Técnicas em Pesquisa Empírica em Direito, ministrado em Juiz de Fora em 2018.

Figura 1 – A justiça no Brasil

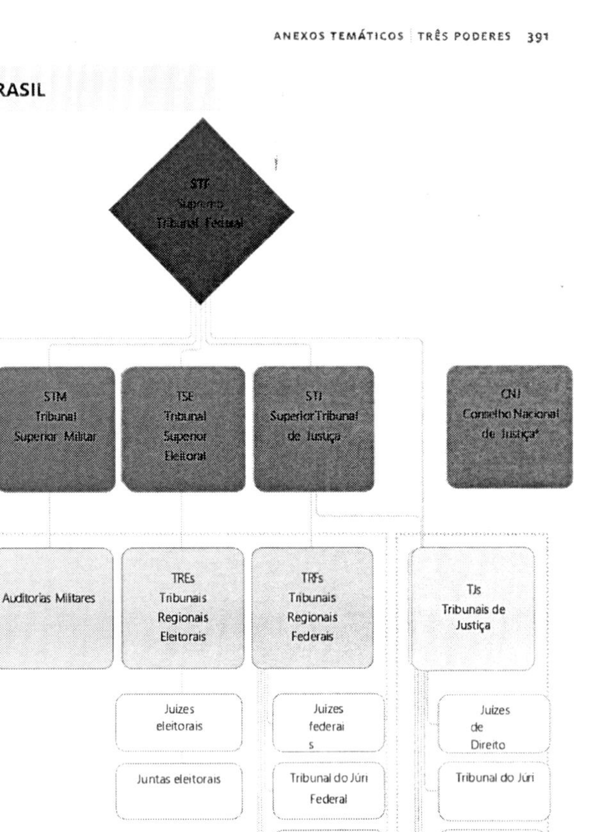

Fonte: Machado (2018, p. 391)

O Superior Tribunal de Justiça foi criado a partir da Constituição da República Federativa do Brasil de 1988 e do Ato de Disposições Constitucionais Provisórias.[14] Ele é composto por 33 membros que atuam como magistrados com o status jurídico de Ministros de Estado, possuindo, assim, as mesmas prerrogativas de foro especial em razão de função de outros ocupantes de cargos ministeriais de chefia. Os julgadores são nomeados pelo Presidente da República depois de aprovada sua escolha pela maioria absoluta do Senado Federal, sendo necessário que os indicados tenham de 35 a 65 anos; possuam "notável saber jurídico" e "reputação ilibada", segundo o art. 104 da CRFB/1988. A composição do Superior Tribunal de Justiça deve ser mista e igualitária entre representantes da magistratura, do Ministério Público e da Ordem dos Advogados do Brasil.

O Superior Tribunal de Justiça pode ser provocado a se manifestar mediante uma gama variada de ações judiciais como, por exemplo, o recurso especial, que visa à reforma de decisões de tribunais hierarquicamente inferiores como os Tribunais dos Estados e Tribunais Federais. O Superior Tribunal de Justiça pode declarar os casos que julga como de caráter repetitivo. Se o fizer, os tribunais hierarquicamente inferiores ficam obrigados a seguir sua interpretação sobre a matéria decidida, do contrário, podem ter suas decisões revistas naquilo em que divergirem, por meio de recurso especial.

Também é de competência do Superior Tribunal de Justiça julgar originariamente, ou seja, diretamente, sem intermédio de um recurso a outra decisão judicial, os crimes cometidos por desembargadores, conselheiros de tribunais de contas, procuradores da República, governadores e outros ocupantes de cargos políticos, judiciais ou administrativos, determinados pela Constituição Federal. O julgamento de ações judiciais como *habeas corpus*, *habeas data* ou mandado de segurança que tenham como objeto atos ilegais praticados pelos ocupantes dos cargos supramencionados, também está na lista de competências do Superior Tribunal de Justiça.[15]

---

[14] Vide art. 27 desse Ato.

[15] Para mais informações, consultar o art. 105 da Constituição da República Federativa do Brasil de 1988.

Cabe ao tribunal em comento o julgamento de conflitos de competência entre tribunais hierarquicamente inferiores, sejam eles trabalhistas, estaduais, militares, eleitorais ou federais, e, por fim, também cabe ao Superior Tribunal de Justiça a homologação de sentenças estrangeiras, entre outras atribuições judiciárias.

Em função atípica, isto é, não diretamente atrelada ao exercício jurisdicional, que é típico ao órgão, o Superior Tribunal de Justiça também administra a Justiça Federal e a Escola Nacional de Formação de Aperfeiçoamento dos Magistrados, que fornece cursos de formação e atualização aos demais magistrados do País.

O Superior Tribunal de Justiça e seus ministros têm também uma série de outras atribuições que nos permitem pensar que é uma instituição que, por si, tem relevância e deve ser alvo de pesquisas como a presente.

Podemos observar essa proeminência em muitos artigos da Constituição da República Federativa do Brasil de 1988. O art. 36[16], por exemplo, coloca que a desobediência a ordem, decisão judicial ou requisição do Superior Tribunal de Justiça é causa de intervenção federal nos Estados ou então intervenção dos Estados nos Municípios.

Os ministros do Superior Tribunal de Justiça obrigatoriamente compõem, por indicação do próprio tribunal, uma das vagas do Conselho Nacional de Justiça. Sendo este o mais importante órgão de administração judiciária (vide art. 103-B da CRFB/1988), fica patente a relevância desse órgão dentro do sistema judiciário brasileiro. No Conselho Nacional de Justiça, a vaga que o Ministro do Superior Tribunal de Justiça ocupa é a de Ministro Corregedor, possuindo, segundo o § 5.º do art. 103-B da CRFB/1988, as atribuições de:

> I – receber as reclamações e denúncias, de qualquer interessado, relativas aos magistrados e aos serviços judiciários; (Incluído pela Emenda Constitucional n.º 45, de 2004.)

[16] "Art. 36. A decretação da intervenção dependerá: [...] II – no caso de desobediência a ordem ou decisão judiciária, de requisição do Supremo Tribunal Federal, do Superior Tribunal de Justiça ou do Tribunal Superior Eleitoral; [...]" (Brasil, 1988, s/p).

> II – exercer funções executivas do Conselho, de inspeção e de correição geral; (Incluído pela Emenda Constitucional n.º 45, de 2004.)
> III – requisitar e designar magistrados, delegando-lhes atribuições, e requisitar servidores de juízos ou tribunais, inclusive nos Estados, Distrito Federal e Territórios (Incluído pela Emenda Constitucional n.º 45, de 2004). (BRASIL, 1988, s/p.).

Também cabe ao Superior Tribunal de Justiça eleger um de seus Ministros para ocupar o cargo de juiz com atribuições de Corregedor Eleitoral diante do Tribunal Superior Eleitoral, conforme o art. 110, I, "b", da CRFB/1988. Ministros do Superior Tribunal de Justiça também participam de modo a compor o Conselho Nacional do Ministério Público, órgão do Poder Executivo com grande relevância para o Poder Judiciário, exercendo mandatos de dois anos, se aprovados por maioria absoluta do Senado Federal, conforme o art. 130-A da CRFB/1988.

Além das disposições constitucionais, regem o funcionamento do Superior Tribunal de Justiça os 344 artigos que compõem seu Regimento Interno. O regimento interno se divide em quatro partes. Na primeira, de maneira geral, determina a composição dos órgãos colegiados internos. Na segunda, trata especificamente das regras de procedimento com relação a ações judiciais específicas, audiências e tipos de julgamento. A terceira parte cuida dos serviços administrativos do Tribunal, definindo órgãos internos ligados à presidência, às secretarias e aos gabinetes dos Ministros do órgão. A última parte aborda as regras de emendamento do regimento e define algumas regras gerais referentes à aplicação do Regimento Interno.

A organização administrativa interna do órgão é bastante complexa. Hierarquizada a partir do Ministro-Presidente do Tribunal, possui dezenas de órgãos com funções específicas e distintas. Para uma melhor compreensão do emaranhado de assessorias, coordenadorias e secretarias que permitem o funcionamento do Superior Tribunal de Justiça, bem como da relação entre a presidência do Tribunal e seus colegiados de função jurisdicional, vejamos a Figura 2:

Figura 2 – Organograma Estrutura Básica do STJ

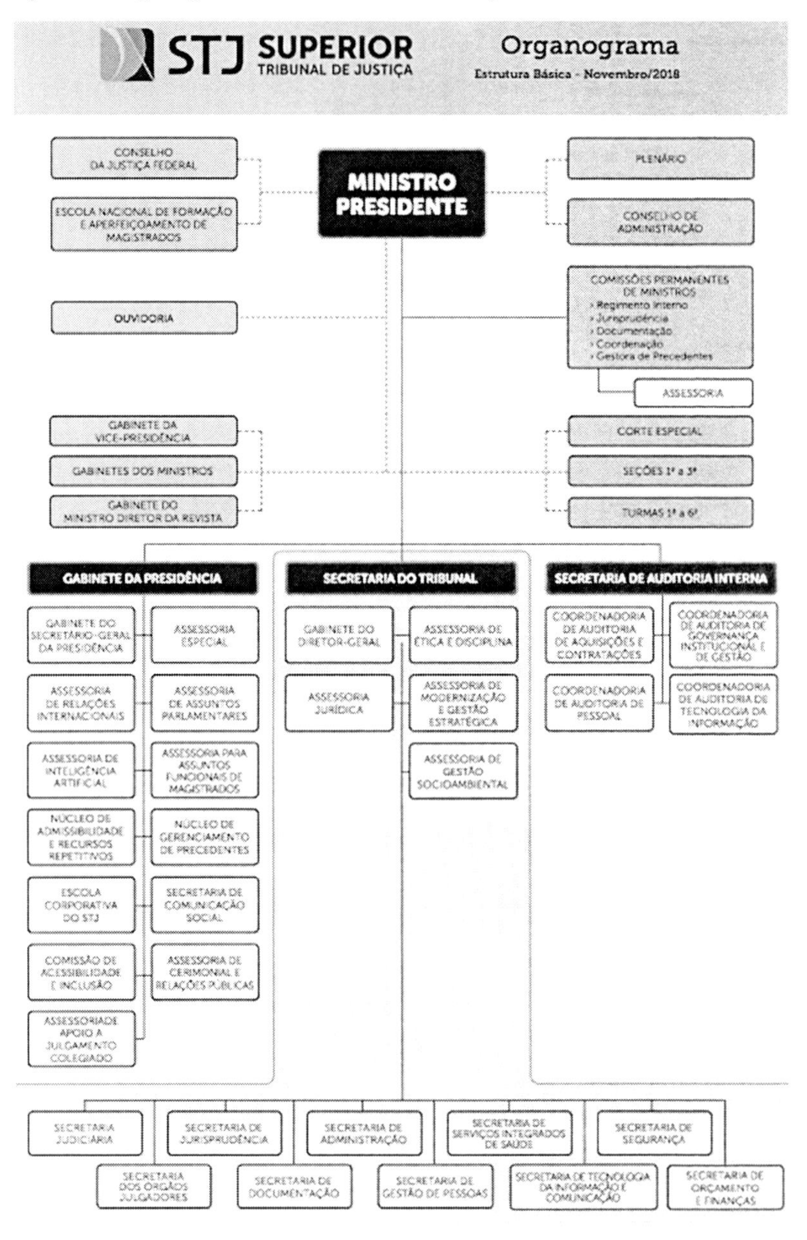

Fonte: Brasil (2019, s/p.)

Portanto, o Superior Tribunal de Justiça é um órgão muito relevante do Poder Judiciário. Como pudemos perceber da explicação genérica que fornecemos anteriormente, cobrindo principalmente os eixos de 1) atribuições da corte, 2) sua composição e 3) sua relação com outros órgãos do Poder Judiciário e da Administração Pública em geral, suas competências são vastas e importantes, tendo impacto nas mais diferentes áreas do direito e órgãos do Poder Judiciário.

Não se restringindo a seu papel no Poder Judiciário, dada sua composição mista entre membros da Ordem dos Advogados do Brasil, do Ministério Público e da Magistratura, além do filtro político estabelecido pelo procedimento de nomeação dos seus membros, trata-se de um órgão que pode refletir, com certo grau de confiabilidade, o pensamento de atores importantes de uma profissão jurídica brasileira de grande impacto político e jurídico, não necessariamente no conteúdo exato de seus discursos, mas principalmente nos modos mais gerais compartilhados de ser, pensar e agir de seus membros.

Para definirmos a escolha dos documentos que analisamos, primeiro aprofundaremos as justificativas da escolha da instituição da qual provêm esses documentos.

Não nos atrevendo a analisar todos os casos em que se discute o conceito de indígena integrado na jurisprudência brasileira, atemo-nos ao recorte das decisões do Superior Tribunal de Justiça apenas, cuja escolha se deu por dois motivos.

Em primeiro lugar, o Superior Tribunal de Justiça é um ponto de confluência entre demandas provenientes dos Tribunais de Justiça dos Estados e dos Tribunais Regionais Federais, o que faz com que ele seja influenciado e influencie tribunais de ambas as competências e, portanto, tenha maior representatividade sobre a forma como as Cortes brasileiras estão decidindo a respeito das controvérsias aqui debatidas.

A busca por representatividade das Cortes, tanto em nível estadual quanto federal, explica-se pela especificidade dos casos de que tratamos. À primeira vista, pode parecer que não há problema em ignorar processos que advêm dos Tribunais dos Estados. Isso porque o inciso XI do art. 109 da CRFB/1988 define como de competência da Justiça Federal o julgamento de disputas sobre direitos indígenas, não restando casos relevantes a esta pesquisa nos tribunais estaduais.

No entanto, a depender da classificação de uma das partes do processo como indígena integrada ou não, há repercussão sobre qual a competência adequada para julgar o processo. Assim, se alguma parte no processo for reconhecida como indígena, deverá ser julgada pela Justiça Federal, e, se considerada não indígena, ou indígena integrada, poderá ser julgada pelos Tribunais de Justiça dos Estados. Contudo, é a própria condição de integração do indígena que nos interessa neste trabalho, tanto nos casos em que ela foi reconhecida como naqueles em que foi afastada. Assim, torna-se necessário não perder de vista os processos judiciais que chegaram ao Superior Tribunal de Justiça por meio de recursos a decisões de Tribunais dos Estados. Temos, portanto, que o órgão em comento funciona em nossa pesquisa como um filtro seletivo dos casos mais relevantes em impacto e complexidade, tanto da esfera federal como da estadual.

É importante tomar em consideração que o STJ criou a Súmula 140, que estabelece: "Compete à Justiça Comum Estadual processar e julgar crime em que o indígena figure como autor ou vítima". É possível dizer que ela atua de modo a restringir o disposto no inciso XI do art. 109 da Constituição, determinando que casos penais em que figurem indígenas não podem ser considerados como disputas sobre direitos indígenas. Em que pese a existência dessa súmula, pode-se observar que muitas vezes ela não é tomada em conta pelos julgadores nos casos que analisamos. Além disso, atrevendo-nos a questionar a mencionada súmula, não seria a problemática envolvendo a identidade indígena em processos penais uma questão de direito indígena conforme os ditames constitucionais?[17]

[17] Tal questionamento pode e deve ainda ser analisado por este pesquisador e pelos demais que tenham interesse na temática.

A segunda razão pela qual o Superior Tribunal de Justiça foi escolhido como foco de nossa análise é que ele comporta um número mediano de casos, apropriados ao contexto material em que se desenvolve este estudo. Em pesquisa exploratória, pudemos perceber que o Supremo Tribunal Federal (STF) não possui uma quantidade numericamente significativa de casos para avaliarmos nosso objeto: visões de mundo dos magistrados brasileiros sobre povos indígenas.

Importante frisar aqui que o presente estudo não se limita a um estudo clássico de jurisprudência, mas sim, mais importante do que isso, busca compreender uma instituição e, consequentemente, seus membros, do ponto de vista sociológico/antropológico. Na intenção de investigar a instituição Superior Tribunal de Justiça, consequentemente compreende-se seus atores, os Ministros. Trata-se, aqui, de uma espécie de "círculo hermenêutico" (Geertz, 2014, p. 7, 73), em que acontecimentos específicos, atores, instituições judiciais e representações sociais são interpretados em um vaivém contínuo.

Círculo hermenêutico é um conceito que se refere a um método empregado[18] pelo antropólogo Clifford Geertz. Ele concerne a "um bordejar dialético contínuo, entre o menor detalhe nos locais menores, e a mais global das estruturas globais, de tal forma que ambos possam ser observados simultaneamente" (Geertz, 2014, p. 73). Trata-se, mais simplesmente, de uma forma de abordar problemáticas culturais em que se consideram ora a totalidade de um sistema simbólico, ora as micromanifestações culturais particulares observadas para construir uma interpretação que promova a conexão entre partes e o todo de um sistema cultural analisado. Geertz (2014), nos dá o exemplo de um jogo de beisebol, no qual é necessário "[...] saber o que é um bastão, uma bastonada, um turno, um jogador de esquerda, um lance de pressão [...]" (p. 7), noções particulares ao jogo e, também, as regras e o funcionamento do jogo que contém tais

[18] De acordo com Geertz (2014, p. 73), esse método foi criado por Dilthey.

elementos para que possamos ter a real compreensão do jogo de beisebol. No presente caso, a aproximação entre as decisões judiciais, como manifestações particulares concretas, a compreensão do Poder Judiciário (em suas regras de organização e as normas jurídicas) e a política indigenista brasileira é algo que se busca constantemente.

No tocante à escolha do Superior Tribunal de Justiça como instituição estudada, é necessário justificar também o fato de não focalizarmos nossa análise na Corte Constitucional. Esta trata, principalmente, de casos em que há uma ofensa à explícita Constituição, sendo, portanto, menos numerosos e mais diversos, o que dificulta a análise e a teorização com base nos dados. Assim, atendem-se aos princípios de filtragem e seleção da amostra de casos, ao mesmo tempo que se mantêm critérios de representatividade de um grupo mais amplo de processos judiciais.

Por outra via, examinar decisões de todos os Tribunais Regionais Federais e Tribunais dos Estados proporcionar-nos-ia um universo amostral exageradamente extenso, de modo que não seria possível a análise qualitativa de cada documento. Assim, pelo fato de ser um ponto de confluência, uma vez que representativo da Justiça Federal e dos Tribunais de Justiça dos Estados e Distrito Federal, além de abrigar quantidade de casos apropriada à presente pesquisa, justificamos que o estudo da instituição Superior Tribunal de Justiça é o mais adequado para nossa investigação.

1.3 Coleta e interpretação dos dados

Há que se começar aqui pela descrição dos procedimentos de organização da análise. De acordo com Bardin (2016, p. 125, itálico da autora, grifos nossos), são três as missões elencadas nessa etapa: "a *escolha de documentos* a serem submetidos à análise, a **formulação das** *hipóteses* **e dos** *objetivos* e a **elaboração de indicadores** que fundamentem a interpretação final". O presente caso de análise de conteúdo de decisões judiciais é específico e merece algumas adaptações com relação ao roteiro indicado por Bardin (2016), uma vez que temos a pretensão de mobilizá-lo com uma abordagem inspirada na antropologia interpretativista[19] de Clifford Geertz.

A pesquisa foi feita por meio da busca de jurisprudência do próprio Superior Tribunal de Justiça, versão 1.0.174 desse sistema[20]. Para fazer a pesquisa das decisões, utilizamos o conjunto de palavras-chave "índio" e "integrado"[21].

O intervalo de tempo que estabelecemos foi de julgamentos entre 21.04.2004, data em que passou a viger a Convenção 169 da OIT, e 31.12.2017, data selecionada pragmaticamente como fim do intervalo analisado para fins de limitação do universo amostral a ser examinado. Escolhemos esse intervalo uma vez que entendemos que o paradigma protetivo dos direitos dos povos indígenas anterior à vigência da Convenção 169 da OIT é diferente daquele instituído após a vigência de tal convenção[22]. Como o enfoque deste trabalho é a situação atual dos povos indígenas brasileiros, fizemos esse recorte temporal voltado à contemporaneidade.

Pesquisamos por documentos da categoria "acórdãos" e "decisões monocráticas" no sistema de busca de jurisprudência do próprio Superior Tribunal de Justiça, pois acreditamos que eles são os mais representativos do objeto em análise pelo fato de refletirem em casos reais como tem efetivamente decidido o tribunal.

---

[19] Abordagem antropológica interpretativista significa, aqui, o mesmo que antropologia hermenêutica ou antropologia interpretativa.

[20] *Link* para o *site* de busca de jurisprudência do STJ utilizado: http://www.stj.jus.br/SCON/.

[21] As letras "e" e "ou" são, aqui, operadores booleanos empregados no sistema de busca do STJ. O operador booleano é um operador lógico, um comando que nos permite filtrar resultados em sistemas de busca. Segundo Veçoso (2014, p. 113), "Operadores booleanos são códigos e símbolos disponibilizados pelos bancos de dados eletrônicos para auxiliar os usuários em suas pesquisas". O operador "e" encontra apenas documentos que contêm ambas as palavras entre as quais ele é inserido. O operador "ou", por sua vez, filtra documentos que contêm alternativamente qualquer uma das palavras entre as quais o operador foi inserido. Em nossa pesquisa, isso se traduz em filtragem de documentos que contenham alternativamente os vocábulos índio ou indígena e, ao mesmo tempo, trazem a palavra "integrado".

[22] Mais à frente, faremos a tentativa de elucidar o que entendemos pelo atual paradigma de proteção dos povos indígenas no Brasil.

Por seu turno, outros documentos como "acórdãos de repetitivos", "súmulas" e "informativos de jurisprudência" prestam-se mais ao papel de orientação e unificação da aplicação das leis federais.

A princípio, pode-se entender que se trata, nesta pesquisa, de uma análise de conteúdo de comunicação de massa, conforme Bardin (2016, p. 40), pelo fato de se dar em textos jurídicos que são, de forma geral, de acesso público. A análise de documentos que fazem parte de processos judiciais, contudo, guarda especificidades que não permitem identificá-la perfeitamente com a análise de outros meios de comunicação de massa. Isso porque é preciso considerar que os documentos, como *corpus*[23] do estudo, apesar de serem formalmente públicos, não são de fácil acesso e, sobretudo, dificilmente compreendidos por aqueles que não têm familiaridade com o direito ou instituições judiciais. Trata-se de um exame que tem como suporte linguístico documentos escritos que são públicos, porém, de acesso efetivamente dificultado. Isso pode ser percebido, por exemplo, na necessidade de fazer *login* no sistema dos tribunais para que seja possível acessar os autos e na linguagem jurídica que, sendo especializada, está muito distante do universo cultural geral e linguístico da maioria das pessoas.

Com o nosso universo amostral caracterizado, tomamos o conjunto de documentos encontrados como nosso *corpus* preliminar da análise (Bardin, 2016, p. 126), ao qual buscamos aplicar critérios de exaustividade, representatividade, homogeneidade e pertinência, para chegarmos a um *corpus* definitivo. Esses procedimentos são explicitados com mais detalhes no terceiro capítulo.

Em seguida, submetemos essas decisões judiciais aos procedimentos de análise de conteúdo e hermenêutica, que descrevemos a seguir.

Fizemos uma análise quantitativa e qualitativa dos resultados da pesquisa jurisprudencial no Superior Tribunal de Justiça. Utilizamos para isso os programas de computador Microsoft Excel

[23] Aqui no sentido de "conjunto dos documentos tidos em conta para serem submetidos aos procedimentos analíticos" (Bardin, 2016, p. 126), que são resultado de um processo de seleção metodologicamente orientado.

e NVivo. A opção pelo primeiro *software* se deve à sua capacidade de armazenar e organizar dados, e a escolha pelo segundo é pela possibilidade de trabalhar com categorias, chamadas "códigos", de modo a explorar frequência de palavras e correlações entre elas. Assim, após a coleta dos dados, produzimos tabelas, diagramas e nuvens de palavras, bem como analisamos a frequência dos significantes e suas relações por meio do programa NVivo.

Feito o carregamento de todas as decisões judiciais relevantes encontradas, organizamo-las em uma pasta e iniciamos o processo de coleta e sistematização das principais informações desses processos em linhas e colunas em uma planilha Microsoft Excel, tais como: número de identificação, número do processo no STJ, turma julgadora, data do julgamento, conclusão dos votos, resultado favorável ou desfavorável, trecho da fundamentação, argumentos da fundamentação. Essas nossas classificações serão mais bem detalhadas em capítulo próprio deste livro.

Com o mesmo programa de computador, criamos outra planilha cruzando colunas com o número identificador dos processos e linhas com os critérios mais utilizados na construção da argumentação da fundamentação dos processos analisados como, por exemplo, "Domínio da língua portuguesa", "Posse de documentos", e outros. O objetivo dessa planilha é evidenciar os critérios mais recorrentes nas decisões judiciais para se classificar indígenas como integrados à sociedade.

Exploraremos com detalhes esses procedimentos no capítulo destinado à discussão desses dados, mas cabe aqui citar Bardin (2016) para explicar qual a nossa orientação diante da criação de categorias analíticas:

> A codificação corresponde a uma transformação – efetuada segundo regras precisas – dos dados brutos do texto, transformação esta que, por recorte, agregação e enumeração, permite atingir uma representação do conteúdo ou da sua expressão; suscetível de esclarecer o analista acerca das características do texto, que podem servir de índice, ou,

> como diz O. R. Holsti: "A codificação é o processo pelo qual os dados brutos são transformados sistematicamente e agregados em unidades, as quais permitem uma descrição exata das características pertinentes do conteúdo". (p. 133).

Em nossos procedimentos de análise, buscamos levar em conta a "ordem", a "coocorrência" e a "oposição" entre significantes e significados (Bardin, 2016, p. 142-143). A "ordem" se refere à ordenação das palavras, expressões ou temas nos documentos analisados. Por "coocorrência" entendemos "[...] a presença simultânea de duas ou mais unidades de registro numa unidade de contexto" (Bardin, 2016, p. 142). Quando verificamos a coocorrência, buscamos levar em conta a associação entre elementos, sua equivalência dentro daquele contexto, isto é, que elementos são apresentados como equivalentes e, por fim, a relação de oposição entre elementos: quais elementos nunca aparecem juntos.

Para nossa análise, é importante destacar que a regularidade de significações tem importância. No presente estudo, ela é indicativa de códigos culturais compartilhados entre os autores dos documentos analisados. Para sermos mais exatos, não é a regularidade em si o mais importante, mas a durabilidade dos fenômenos que ela indica. Nesse sentido, colocamo-nos em concordância com a abordagem interpretativa de Geertz (2014, p. 27; 2017, p. 32) e nos opomos a Bardin (2016, p. 146), para quem a regularidade é uma crença sociológica de que é preciso se distanciar. É verdade que o acontecimento e a raridade têm seu valor na análise social, mas não cremos que seja o caso diante do *corpus* que estamos a analisar.

Em continuação à descrição de nossos procedimentos de análise, carregamos os arquivos em formato PDF no *software* NVivo, em que já iniciamos, mais propriamente, a análise de conteúdo. Realizamos, em primeiro lugar, uma análise da linguagem da amostra, em que foram feitas inferências sobre o vocabulário empregado nos documentos verificados, considerando principalmente a frequência dos significantes e as palavras de significado próximo. O papel dessa análise é de descrição do universo de significantes empregados nos documentos. Produzimos, com a ajuda do *software* NVivo, nuvens de palavras baseadas na frequência dos significantes como forma de representações visuais que possam nos ajudar a entender, mais à frente, o conteúdo dos documentos.

Após a análise lexical, damos entrada a uma análise de conteúdo de abordagem qualitativa, a chamada análise temática (Bardin, 2016, p. 41). Nela, tomamos a totalidade dos textos objetos de análise para inferir que categorias de classificação, de temas e expedientes argumentativos são mobilizadas.

A partir dessa análise, que se dá na prática pela análise da fundamentação dos acórdãos, inferimos regras de associação entre vocábulos como "indígena" e "integrado" com os significados mobilizados nos documentos. Essas inferências, tomadas aqui no sentido de "deduções lógicas", conforme Bardin (2016, p. 45), ajudam-nos a fazer questionamentos como "o que *levou* a determinado enunciado?" e "quais *consequências* que determinado enunciado vai provavelmente provocar" (Bardin, 2016, p. 45, destaques da autora). No presente caso, isso se traduz em "que tipo de associações de significados fazem com que os magistrados se expressem dessa forma em relação aos índios?" e "que consequências têm esses enunciados para a decisão judicial sobre os indígenas?".

Em nossa análise qualitativa, estamos tratando inequivocamente de interpretação textual. Nosso objetivo é fazer a dupla tentativa a que se refere Bardin (2016, p. 47, destaques da autora):

> [...] compreender o sentido da comunicação (como se fosse o receptor normal), mas também, e principalmente, *desviar* o olhar para outra significação, outra mensagem entrevista por meio ou ao lado da mensagem primeira. A leitura efetuada pelo analista, do conteúdo das comunicações, não é, ou não é unicamente, uma leitura 'à letra', mas antes o realçar de um sentido que figura em segundo plano. Não se trata de atravessar significantes, para atingir significados, à semelhança da decifração normal, mas atingir através de significantes, ou de

> significados (manipulados), outros 'significados' de natureza psicológica, sociológica, política histórica etc.

Nossa interpretação textual tenta se afastar da comumente feita pelos profissionais e técnicos do direito envolvidos na prática judiciária. Ela se assemelha à interpretação do "texto" na acepção em que trabalha Geertz (2014, p. 36): texto como suporte de significados. Atemo-nos, portanto, mais às várias camadas de significados do que foi dito, e não ao dizer e seus efeitos imediatos.

É nesse ponto de interpretação textual, nos moldes da metodologia de análise de conteúdo, que nos inspiramos na abordagem hermenêutica do antropólogo Clifford Geertz. A combinação entre a análise de conteúdo de Laurence Bardin e a antropologia interpretativa de Clifford Geertz é feita segundo o critério de que, no tocante à parte mais procedimental de nossa pesquisa e análise, Bardin é a referência principal. No que toca mais propriamente à interpretação, adotamos a antropologia interpretativa e mobilizamos a análise de conteúdo de modo subsidiário, naquilo que ela não entra em contradição com a primeira. Assim, é a antropologia interpretativa nossa base teórica para interpretação, avaliação de hipóteses e generalização de conclusões.

Utilizamos nesse processo alguns dos conceitos mobilizados por Geertz, tais como "sistema simbólico", "visão de mundo" e "ethos". Pretendemos, por conseguinte, realizar uma "descrição densa", isto é, explorar os diferentes níveis de significado das ações sociais, tentar compreender "[...] estruturas superpostas de inferências e implicações [...]" (Geertz, 2017, p. 6). No presente caso, interpretar decisões judiciais para fazer uma descrição densa delas significa indagar "[...] qual a sua importância: o que está sendo transmitido com a sua ocorrência e através da sua agência, seja ela um ridículo ou um desafio, uma ironia ou uma zanga, um deboche ou um orgulho" (Geertz, 2017, p. 8).

Entendemos que, para Geertz (2017), sistema simbólico é um conceito que se refere a uma noção semiótica de cultura. Significa, para o autor,

> [...] sistemas entrelaçados de signos interpretáveis (o que chamara símbolos, ignorando as utilizações provinciais), a cultura não é um poder, algo ao qual podem ser atribuídos casualmente os acontecimentos sociais, os comportamentos as instituições ou os processos; ela é um contexto, algo dentro do qual eles podem ser descritos de forma inteligível – isto é, descritos com densidade (Geertz, 2017, p. 10).

Assim, quando aludimos a "sistema simbólico", estamos nos referindo a uma totalidade de significados inter-relacionados que servem de contexto às ações sociais que tomam tal sistema simbólico por orientação. *Ethos* concerne a um conjunto de representações que dão aos atores sociais os parâmetros normativos de seu julgamento e "visão de mundo" significa os parâmetros cognitivos dos sujeitos observados. Em que pese a possibilidade de examinar em separado esses dois aspectos do sistema simbólico mais geral, *ethos* e visão de mundo se constituem mutuamente, de modo que não é possível dizer que um dá base ao outro.

Além disso, também mobilizamos o já citado método de interpretação "círculo hermenêutico", para relacionar nossa análise textual com uma interpretação mais geral do sistema simbólico a que esta pesquisa se dirige.

Não sendo esta uma pesquisa apenas quantitativa ou de cunho meramente descritivo, que busca provar a ocorrência de hipótese "não-a" (H0) ou "a" (H1), fica prejudicada a formulação de hipóteses fechadas e definitivas que possam ser propostas antecipadamente para a prova posterior ao estilo das ciências naturais. O fato de tratarmos de questões culturais e que envolvem valores não significa, contudo, que a elaboração de hipóteses esteja de todo impossibilitada.

Assim, dentro da problemática de compreender como os julgadores entendem o que é a figura do "índio integrado", é possível arbitrar algumas hipóteses simples a partir de autores e documentos estudados. Essas hipóteses servem, principalmente, para guiar nossa investigação, e não para se esquivar às complexidades ínsitas à pesquisa qualitativa. Nesta pesquisa, as hipóteses são questões para as quais direcionamos nosso olhar durante o decorrer da pesquisa e que nos ajudam na interpretação dos dados e no desenvolvimento das questões a que este trabalho se propõe.

O problema em questão pode ser resumido da seguinte forma: que visões de mundo são manifestadas pelos ministros do Superior Tribunal de Justiça sobre povos indígenas? Dessa indagação, desdobramos uma série de outros questionamentos a ela implícitos e formulamos um teste de hipóteses que pode nos ajudar a entender melhor a problemática e seus desdobramentos. Com o auxílio dos programas de análise, tentamos verificar as seguintes hipóteses: 1) se nas decisões judiciais os julgadores entendem e aplicam "integração" no sentido de "assimilação"; 2) se estes têm uma visão essencialista, isto é, estática, do que seja cultura; 3) se o uso que tem sido feito do conceito de "índio integrado" está em conformidade com o paradigma constitucional vigente.

A primeira hipótese diz respeito à relação entre conceitos de "integração" e "assimilação" nas decisões judiciais analisadas. Trata-se de tentar compreender se os magistrados têm aplicado esses conceitos de origem antropológica e, em caso positivo, como eles o têm feito. Partimos de definições externas ao direito como "integração", "assimilação" e "aculturação" elaboradas pelo indigenista Roque de Barros Laraia para tentar compreender se os magistrados têm tomado um conceito pelo outro, especialmente no tocante aos dois primeiros.

A segunda hipótese passa por uma reflexão acerca das visões de mundo dos magistrados. Questionamo-nos como o conceito de cultura aparece nas decisões e se ele é empregado no sentido de um conjunto de características de identidade estáticas ou não. Utilizamo-nos da literatura antropológica para refletir sobre o conceito de cultura e usá-lo para explicar os casos examinados.

A terceira hipótese tem em vista indagar se há compatibilidade entre a interpretação que os Ministros do Superior Tribunal de Justiça têm dado aos dispositivos sobre integração do índio presentes na Lei 6.001/1973 e o que entendemos como novo paradigma protetivo dos povos indígenas que se iniciou com a promulgação da Constituição da República Federativa do Brasil de 1988 e se consolidou com o início da vigência da Convenção 169 da OIT.

2

LEGISLAÇÃO E POLÍTICA INDIGENISTA NO BRASIL

2.1 Panorama geral de inserção do direito indigenista brasileiro

O paradigma do Estado Nacional é resultado de um processo de homogeneização de culturas, identidades e sistemas jurídicos diversos, no qual o Brasil está inserido. Tal processo é indissociável do surgimento dos Estados-Nação, que tem início na Europa do século XVI. O Estado Nacional Uniformizador continua a existir atualmente, embora agora coexista em nível mundial com a emergência de um paradigma de democracias e direitos pluralistas, como se pode notar no pluralismo jurídico latino-americano que se inicia nos anos 1980, conforme apontam diversos autores, como Modernell e Oliveira (2018).

Antes da formação dos Estados Nacionais europeus, predominava o pluralismo jurídico[24] medieval (Hespanha, 2012, p. 234), que se caracterizava pelo particularismo jurídico correspondente aos privilégios de cada grupo (Hespanha, 2012, p. 56), por exemplo, nobreza, clero e corporações de ofício (Rouland, 2008, p. 181-182). Nesse contexto, portanto, não havia um único sistema jurídico

[24] O sentido aqui empregado de pluralismo jurídico é o mesmo que por Hespanha (2012, p. 26): "[...] coexistência de diferentes ordens jurídicas, legais ou costumeiras no mesmo espaço social" ou, então, sem levar a contradição, o que se chama de definição antropológica: "1. Corrente doutrinária que defende o fato de que toda sociedade, a despeito da sua variabilidade depender essencialmente de sua estrutura social, pratica uma multiplicidade hierarquizada de ordenamentos jurídicos: o pluralismo jurídico é a situação em uma sociedade determinada em que diferentes mecanismos jurídicos se aplicam a situações idênticas" (Belley, 1988, p. 303) ou, na definição jurídica: "1. Existência simultânea, no seio de uma mesma ordem jurídica, de regras de direito diferentes sendo aplicadas a situações idênticas. 2. Coexistência de uma pluralidade de ordens jurídicas distintas que estabelecem ou não entre si a qualidade de direito" (Rouland, 1988, p. 300).

que impunha os mesmos direitos, deveres e lógicas a todos os jurisdicionados, sendo, portanto, esse sistema caracterizado por privilégios, pluralismo de fontes e de jurisdições.

Somente com o progressivo movimento de centralização do monopólio legítimo do poder político e da violência legítima é que se inicia um processo de modificação no equilíbrio das fontes de direito e das jurisdições (Hespanha, 2012, p. 232). Esse processo é indissociável, contudo, da história de constituição dos Estados nacionais europeus, que está atrelado a dois motivos principais, segundo Tilly (1995): a) a competição agressiva por bens e territórios entre Estados de extensão desigual; b) as formas como os Estados adquirem e alocam seus recursos para continuarem a desempenhar suas atividades.

Sem pretensão de repetir a integralidade da argumentação de tal tese, basta retomar que, diante dessa situação de competição e lógica de administração dos Estados, houve um aumento crescente do capital concentrado nos Estados e também do monopólio dos meios de coerção. Segundo Tilly (1995, p. 57), a guerra e sua preparação impuseram aos governantes a necessidade de extrair recursos daqueles que eram resistentes a cedê-los sem pressão ou compensação, o que exigia, cada vez mais, o aumento das possibilidades de coerção e o oferecimento dos mercados conquistados pela guerra como incentivo à contribuição para o conflito.

Por volta de 1750, essa situação levou à nacionalização do poder militar. O Estado transita de um modelo de governo indireto, mediado, para um paradigma de governo direto, sem intermediários em diferentes esferas da vida, que tem a vantagem de garantir segurança para os governantes no controle dos povos governados, e também maior capacidade de extração de recursos desses povos (Tilly, 1995, p. 103-104).

Também ocorrem, de 1750 em diante, diversas tentativas de homogeneizar a população. Do ponto de vista dos governantes, a homogeneização tinha algumas vantagens. Uma delas é que as pessoas comuns passavam a se identificar mais com os governantes, facilitando o domínio das populações. Outro benefício seria que a comunicação tornava-se mais eficiente, de modo que soluções administrativas que funcionassem em um local podiam ser aplicadas com maiores chances de efetividade em outras regiões (Tilly, 1995, p. 107). Durante esse período, houve uma progressiva unificação e mudança de comportamentos, como mostra pormenorizadamente Elias (1994a, p. 65-213), dos quais são exemplos o controle da agressividade, o hábito de escarrar, o comportamento à mesa, a atitude com relação às funções corporais etc.

Para Tilly (1995, p. 107), a Revolução Francesa foi o evento histórico mais importante para a transição para um governo direto[25], no qual se encontra o paradigma do Estado Nacional Uniformizador aqui discutido. Isso porque ela criou um modelo centralizado de governo que outros Estados passaram a adotar, além de ter imposto variantes de seu modelo nos lugares que conquistou. Com a Revolução Francesa, foram eliminadas as jurisdições não estatais, houve uma reorganização administrativo-territorial centralizadora, aboliram-se o dízimo e os tributos feudais, dissolveram-se corporações e seus privilégios, construiu-se um sistema eleitoral e submeteu-se o clero ao Estado, entre outras medidas. O entendimento de que a Revolução estaria associada a um processo geral de homogeneização e centralização também é corroborado por Rouland (2008, p. 159-160), para quem o movimento iluminista francês se fortalece na Revolução Francesa e acaba por promover a laicização do Estado e também o monismo jurídico, o que, necessariamente, exige a retirada do caráter jurídico das demais ordens regulatórias.

Internamente, conforme avançou o governo direto, as pessoas começaram a depender mais do Estado, foram impostos a língua oficial, o sistema de educação nacional e o sistema militar nacional. Externamente, o Estado passou a controlar o movimento em fronteiras nacionais, usar tributos como instrumento de política

---

[25] Elias (1994b, p. 141) também aponta a relevância da Revolução Francesa para o processo progressivo de fortalecimento do Estado, notadamente como um grande passo para o monopólio da tributação e da violência física na Europa.

econômica e ameaçar estrangeiros, limitando seus direitos. Isso produziu um efeito homogeneizante na cultura interna e heterogeneizante em relação ao exterior do Estado Nacional (Tilly, 1995, p. 115-116). Surge, a partir desse momento, o nacionalismo como comprometimento com a estratégia de política internacional do país, bem como a forte identificação das pessoas com o Estado (Tilly, 1995, p. 116).

O resultado desses processos históricos pelos quais passaram as sociedades organizadas em Estados nacionais é, por fim, o surgimento de uma modernidade que vê a sociedade como algo global e melhorável, que se dirige "[...] do caos para a ordem, do erro para a verdade, [...] da carência para a abundância, do sofrimento para a felicidade, da guerra para a paz" (Hespanha, 2012, p. 92). Essa nova mentalidade tem a crença de que pode "[...] conhecer o fim da história e os valores finais para que se evolui [...]" (Hespanha, 2012, p. 92). É, por isso, "[...] uma forma de dogmatismo, para o qual é possível conhecer e afirmar os valores corretos, bem como condenar os falsos" (Hespanha, 2012, p. 92). O direito moderno que se inscreve nesse contexto é um direito mais controlável, "[...] quer pelo poder, quer pelos destinatários", como nos diz Hespanha (2012, p. 234), mas também, segundo entendemos, pouco representativo da diversidade de culturas existentes, o qual tem como marcas mais características a racionalidade, a generalidade, a abstração e a macro-organização (Hespanha, 2012, p. 231).

Nesse paradigma, chamado por Fajardo (2011, p. 139) de liberal-monista do século XIX, é que se inscrevem o Brasil e muitos Estados latino-americanos por parte de sua história. Isso se deve ao fato de que herdaram de seu período colonial diversas características próprias dos Estados europeus e de sua cultura. Essa herança, que abrange a cultura jurídica brasileira em geral, impõe desafios para se lidar com a diversidade cultural, que comporta centenas de etnias tradicionais (indígenas, quilombolas e outras), as quais têm um modo de vida muitas vezes incompatível com o imposto pelo monismo jurídico estatal, uma vez que se organizam socialmente por meio de mecanismos que evitam a concentração do poder político. São "sociedades contra o Estado", como aponta Clastres (2013, p. 219-220).

2.2 A política indigenista brasileira no século XX (1910-1972)

Historiadores e antropólogos, como Almeida (2010, p. 16-18), Carneiro da Cunha (2012, p. 11-12, 22), Gomes (2018, p. 24-25) e Pacheco de Oliveira (2016, p. 24), apontam como, na história do Brasil, os povos indígenas foram representados por diversas vezes como observadores, seres sem ação e sem história, destinados a desaparecer por meio de integração, assimilação ou aculturação. Tais formas de pensar o índio refletiram nas práticas administrativas, na elaboração das políticas públicas e no regramento jurídico desses povos, impactando diretamente a fruição de sua condição de sujeitos de direitos.

Nos primeiros vinte anos de República, segundo Ribeiro (2017, p. 119), não houve nenhuma regulamentação das relações com os índios. O movimento de regulação sistemática pelo direito da questão indígena iniciou-se em 1910 com a criação do Serviço de Proteção aos Índios e Localização dos Trabalhadores Nacionais (SPILTN)[26]. Nesse momento histórico, o extermínio desses povos era praticado e defendido como solução para oferecer segurança aos que "[...] 'construíam uma civilização no interior do Brasil'" (Ribeiro, 2017, p. 120). Os debates da época levaram a duas correntes opostas de como lidar com o problema indígena: havia de um lado a proposta religiosa de catequizá-los e, de outro, a proposta leiga de proteção do Estado (Ribeiro, 2017, p. 122).

Foi adotada uma política indigenista não cristã, com inspiração no positivismo de Augusto Comte, que tinha em seus principais defensores o militar Marechal Rondon, personagem central na definição da política indigenista do século XX no Brasil, instituindo o princípio de não agressão aos indígenas e defendendo

---

[26] Para abordagens que enfocam o direito indigenista anterior a esse período, confira-se Souza Filho (2018, p. 92-98).

o direito dos povos indígenas a seus territórios (Hemming, 2003, p. 420). Segundo essa perspectiva positivista, também chamada de "positivismo humanista", os povos indígenas evoluiriam socialmente de modo espontâneo, uma vez que fossem protegidos de pressões externas pelo Estado (Ribeiro, 2017, p. 124; Pacheco de Oliveira, 2016, p. 174). Essa posição é identificada por Villas Bôas Filho (2014, p. 128; 2016, p. 349) como de "proteção fraternal", pelo fato de que buscava a proteção dos índios e sua incorporação sob a tutela do Estado.

Surge nesse momento, no contexto brasileiro, aquilo que Fajardo (2011, p. 140) chama de paradigma social integracionista do século XX. Em que pese a menor agressividade da política indigenista positivista em relação à tradicional opção pela catequização, a abordagem integracionista-positivista foi extremamente prejudicial à vida dos povos indígenas e à diversidade cultural brasileira. Isso porque essa política de integração acabou por legitimar, de qualquer modo, a repetida exclusão e a desconsideração dos direitos desses povos à sua identidade e tradições, bem como a prevalência do monismo estatal em seus padrões ocidentais.

Predominante nesse paradigma, a ideia de tutela sobre os índios trazia sub-repticiamente uma hierarquização entre a cultura indígena e a cultura oficial imposta pelo Estado, além de uma finalidade assimilacionista (Villas Bôas Filho, 2014, p. 134). A consequência disso é a "descaracterização étnica" desses povos tradicionais. Ao final, essa posição buscava "[...] transformar os índios em trabalhadores e guardiões da fronteira" (Grupioni, 1998, p. 34 *apud* Villas Bôas Filho, 2014, p. 128).

Anos após a criação do Serviço de Proteção aos Índios (SPI), entrou em vigor o Decreto Legislativo 5.484, de 27 de junho de 1928, o qual determinou que os indígenas nascidos no Brasil deveriam ser considerados emancipados de "tutela orphanologica"[27], independentemente do grau de civilização em que se encontrassem. Em seu art. 2.º, essa norma também estabeleceu uma classificação

[27] Para mais sobre o assunto, confira-se Souza Filho (2018, p. 92-96, 100-101).

de indígenas em: índios nômades, arranchados ou aldeados, pertencentes a povoações indígenas e, por fim, pertencentes a centros agrícolas ou que vivessem "promiscuamente" com "civilizados" (Brasil, 1928, s/p.). Como bem aponta Souza Filho (2018, p. 89), nesse diploma legal, havia ideias jurídicas que estão presentes até a atualidade, como verificaremos mais adiante.

É interessante notar o fato de que, até então, as Constituições brasileiras não tratavam dos povos indígenas. Isso não necessariamente indica desconsideração por esses povos, mesmo porque a questão indígena sempre foi um elemento importante para o Estado brasileiro. Entendemos que é possível que esse fenômeno indique apenas a falta de centralidade das normas constitucionais no funcionamento do ordenamento jurídico ou concepções mais liberais de Constituição, que são naturalmente menos exigentes (Vieira, 2018, p. 110).

Somente a partir da Constituição da República dos Estados Unidos do Brasil, de 16 de julho de 1934, os povos indígenas passam a figurar no texto legal superior do País. É concedida, nessa oportunidade, aos chamados "silvícolas" a posse das terras que habitam permanentemente, vedada sua alienação. Contudo, sua condição não é propriamente a de um sujeito de direito pleno. O índio é retratado constitucionalmente como um objeto sobre o qual a União tem competência privativa para legislar. Essa competência se limitava especificamente à incorporação do índio à "comunhão nacional" (vide art. 5.º, XIX, "m", da Constituição da República de 1934).

No tocante a questões fundiárias, o Estado Novo e a Constituição dos Estados Unidos do Brasil, de 10 de novembro de 1937, não trazem mudanças significativas na regulação dos povos indígenas do Brasil[28]. Essa Constituição marca, no entanto, a retirada da disposição referente à integração do índio à "comunidade nacional". Entendemos, contudo, que esse movimento não se deu senão como um lapso, pois, na história das Constituições brasileiras, a ideia de integração é um elemento quase sempre presente.

[28] Vide art. 154 desta Lei.

Isso se confirma com a publicação da Constituição dos Estados Unidos do Brasil de 1946 que, por sua vez, em seu art. 5.º, XV, alínea "r", retoma o tema da incorporação do índio presente na Constituição de 1934.

Formalmente, a condição dos sujeitos de direitos indígenas se manteve quase a mesma após o Golpe Civil-Militar de 1964 e a outorga da Constituição da República Federativa do Brasil de 1967, a qual conservou o sentido das disposições relativas aos índios na Constituição de 1946 e teve adicionado o "direito [dos índios] ao usufruto exclusivo dos recursos naturais e de todas as utilidades" (Brasil, 1967, s/p.), presentes na terra habitada por indígenas.

Na prática, sabemos que a própria condição de sujeito de direito fora afetada pelo poder de fato daqueles que violentaram as instituições democráticas. Não houve representação política, pois o Ato Institucional 5 havia cassado centenas de deputados federais, estaduais, vereadores e prefeitos, e, sem instâncias judiciais independentes, tendo em vista o progressivo desmonte do STF a partir de 1965 (Gaspari, 2014, p. 232), pouco faz sentido apoiar apenas em textos de leis para aferir expectativa de direitos a qualquer cidadão nesse período, seja ele indígena ou não.

Além disso, com a ascensão dos militares ao poder, no âmbito da política indigenista oficial, houve uma transição de um modelo protecionista para um modelo integracionista (Villas Bôas Filho, 2017b, p. 553). O primeiro, altamente inspirado nos ideais de Marechal Rondon, baseava-se na ideia de que

> [...] as comunidades indígenas deveriam ser protegidas pelo Poder Público contra as frentes de expansão "civilizadas", mediante a criação de reservas nacionais que visariam permitir que as mesmas se preparassem gradualmente até que pudessem ser integradas à nossa sociedade como grupos étnicos (Villas Bôas Filho, 2017b, p. 553).

O segundo, por sua vez,

> [...] preconizava que as comunidades indígenas fossem rapidamente integradas economicamente à sociedade brasileira como contingente de reserva de mão de obra para o trabalho ou mesmo como produtores de mercadorias, dando impulso às economias regionais em expansão que, a partir daí, poderiam integrar-se às regiões mais desenvolvidas do país (Villas Bôas Filho, 2017b, p. 553).

Em razão de constantes relatos sobre corrupção e malfeitos praticados pelo órgão indigenista de então, foi instaurada em 1967 uma comissão para investigar irregularidades no SPI. O resultado dessas investigações é conhecido como Relatório Figueiredo, documento publicado originalmente em 1968 que se acreditava estar perdido, mas foi redescoberto no ano de 2012. Trata-se de um dossiê de milhares de páginas com provas documentais e testemunhais de crimes executados contra os indígenas praticados, apoiados ou acobertados pelo próprio órgão incumbido de sua proteção (Relatório Figueiredo, 1967). O relatório trouxe informações sobre crimes como: tortura, sevícias, expropriação do patrimônio indígena, entre outros. Conforme nos diz Carneiro da Cunha (2019, p. 36), esse documento causou forte impacto na opinião pública, levando à extinção do SPI e à criação da Fundação Nacional do Índio (Funai).

Em 1969, foi publicada uma conhecida reportagem do jornalista inglês Norman Lewis, em que foram denunciados diversos crimes praticados contra os povos indígenas e com o acobertamento do Estado brasileiro. Em seu artigo, após descrever, com detalhes, uma série de agressões de fazendeiros e jagunços contra os indígenas, por exemplo, envenenar alimentos dados aos índios e explodi-los com dinamites atiradas de um avião (Lewis, 2019), o autor atrela, pela primeira vez (Carneiro da Cunha, 2019, p. 38), os conflitos entre indígenas, não indígenas e Estado brasileiro à ideia de genocídio.

2.3 O Estatuto do Índio (1973-1987)

A Lei 6.001, de 19 de dezembro de 1973, mais conhecida como Estatuto do Índio, foi "decretada" pelo Congresso Nacional e "sancionada" pelo Presidente Emílio G. Médici. Participaram da elaboração do Estatuto do Índio a Funai e o Conselho Indigenista Missionário (CIMI), órgão ligado à Confederação Nacional dos Bispos do Brasil (CNBB). A Funai teria apresentado 44 emendas ao projeto original e o CIMI atuado na Comissão de Constituição e Justiça da Câmara dos Deputados (Valente, 2017, p. 233).

Sendo esse Estatuto fundamental para a compreensão da regulação jurídica dos povos indígenas até os dias atuais e apenas por ser imprescindível para o completo desenvolvimento deste trabalho, comentaremos a seguir seus dispositivos normativos mais relevantes.

Trataremos especificamente dos Títulos I, II, VI e VII, que versam sobre princípios gerais, definições, direitos civis, regime de tutela e normas penais, a fim de que possamos introduzir o leitor na problemática jurídica por qual perpassa a aplicação de noções do Estatuto do Índio, por exemplo, "indígena", "integração", "tutela", em decisões judiciais.

Entrou em vigor em 1973 o Estatuto do Índio, lei em consonância com a legislação internacional da época, a Convenção 107 da OIT, que possuía uma posição integracionista com relação ao índio, conforme Carneiro da Cunha (2012, p. 102). O caráter integracionista do Estatuto pode ser observado, por exemplo, quando ele diz textualmente que seu propósito é "[...] preservar a sua cultura [indígena] e integrá-los, progressiva e harmoniosamente, à comunhão nacional" (Brasil, 1973, s/p.). Esse marco legislativo conferiu direitos civis e políticos, regulamentou o regime de assistência e tutela, o registro civil dos índios, as condições de trabalho, as terras e áreas preservadas, seus bens e renda, seus direitos sociais e, também, tipificou crimes contra sua pessoa e cultura.

Entretanto, vigorava à época um regime ditatorial que impedia a eficácia de grande parte dos dispositivos do dito Estatuto. Conforme demonstra Valente (2017), a legislação indigenista da época não obstou que fossem cometidos todos os tipos de crueldades contra os povos indígenas, a despeito de seus direitos sobre suas próprias culturas ou sobre suas terras. Para Valente (2017, p.

69), a política indigenista dos militares de "integração" não tinha correspondência alguma com a realidade, sendo, na verdade, um eufemismo para o genocídio: "Sob a cobertura do nacionalismo, decreta-se uma política chamada a princípio de 'integração', mas que no nível da realidade concreta não é nada além do que um genocídio". Em comentário mais próximo ao calor dos acontecimentos, Laraia (1976, p. 9) denuncia o distanciamento entre documentos oficiais, bem como os preceitos de Rondon, e as normas efetivamente aplicadas. Para o autor (Laraia, 1976, p. 9), havia uma "dissociação entre uma política indigenista ideal e outra real".

Além disso, segundo Villas Bôas Filho (2017b, p. 555), a Lei 6.001/1973 deve ser considerada um retrocesso em relação ao Decreto 8.072/1910, que vigorava até então. Isso se deve ao fato de que esse Decreto determinava "[...] o respeito pela organização interna das tribos, sua independência, hábitos e instituições, de modo a não intervir para alterá-los senão mediante consulta a seus respectivos chefes". Assim, haveria formalmente um maior comedimento no tocante à intervenção estatal em comunidades indígenas. Por fim, como aponta Souza Filho (2018, p. 102), o Estatuto é, também, um retrocesso em comparação ao Decreto 5.484, de 27 de junho de 1928, o qual previa a aplicação de princípios da tutela provenientes do direito de família, norma que remonta à regulação do século XIX, bem menos protetiva aos direitos dos indígenas[29].

Levar em conta esse contexto é importante porque ele dificilmente é dedutível da análise fria dos dispositivos legais. Se fizermos uma árvore de palavras[30] a partir da palavra integração no texto do Estatuto do Índio, poderemos observar que, de um lado, a

[29] Esse é, segundo Souza Filho (2018, p. 103), um retorno à "tutela orfanológica", a qual contém "[...] a ideia de que os índios, em algum momento não necessitarão mais sequer serem chamados de índio, porque estarão integrados à sociedade nacional, então as garantias a seus direitos estarão equiparadas às garantias de todos os outros cidadãos, e suas terras deixarão de ser suas, para serem devolvidas ao domínio público como terras da União".

[30] A árvore de palavras foi criada a partir do *software* Nvivo 12. É uma forma de traduzir graficamente as relações mais frequentes da palavra escolhida com outras palavras que a antecedem e a sucedem. No nosso caso, delimitamos o alcance de palavras antecedentes e subsequentes em cinco.

integração é algo considerado em muitas das frases formuladas no texto legal. De outro, ela é associada à ideia de comunhão nacional, mas não seria possível inferir, apenas do texto da lei, sem qualquer análise antropológica ou histórica, o caráter destrutivo que teve o Estatuto do Índio para os povos indígenas do Brasil. Para que possamos evidenciar o conteúdo discriminatório e suas relações com imperativos de ordem econômica (Villas Bôas Filho, 2017b, p. 552-553), faz-se necessária a contextualização de tal legislação, o que pretendemos realizar a seguir. Vejamos na Figura 3, a árvore de relações de palavras em comento:

Figura 3 – **Árvore** de relações de palavras adjacentes **à** "integração"

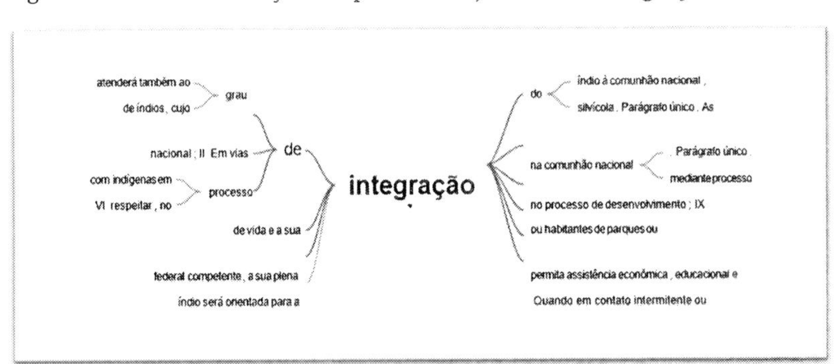

Fonte: elaborada pelo autor

O Estatuto do Índio possui 68 artigos, dividindo-se em sete títulos, os quais são subdivididos em capítulos. Essa lei buscou tratar de todos os aspectos relevantes das relações entre indígenas e Estado, tais como: direitos civis e políticos, assistência, tutela, registro civil, trabalho, terras, propriedade, bens, renda, educação, cultura, saúde, tipos penais e garantias penais.

A Lei 6.001/1973 inicia, em seu Título I, com princípios e definições importantes à sua sistemática. Nesse título, estão contidos os arts. 1.º ao 4.º. O art. 1.º revela o objetivo da legislação de regular a situação jurídica dos indígenas, também chamados "silvícolas" pelo legislador, e das comunidades indígenas. Demonstra também, logo de início, que essa regulação é feita com um propósito especial de preservar sua cultura e integrar os indígenas, de modo progressivo e harmonioso, à "comunhão nacional". No parágrafo único de tal dispositivo, temos a ressalva de que, apesar de a lei regular a situação jurídica dos indígenas, isso não significa que a eles não se estende a proteção das outras leis do Brasil. Essa aplicação deve, no entanto, levar em consideração os usos, os costumes e as tradições desses povos, bem como as regras do próprio Estatuto.

O segundo artigo da Lei 6.001/1973 determina que não cabe apenas à União proteger as comunidades indígenas e preservar seus direitos, mas também devem fazê-lo os Estados, os Municípios e os órgãos da administração indireta. Para dar conta dessa tarefa, a lei enumera, de modo exemplificativo, em dez incisos, que tipo de condutas esses entes públicos devem ter para cumprir a obrigação que lhes cabe.

A primeira conduta estabelecida vem reforçar o parágrafo único do art. 1.º ao dizer que se devem estender aos indígenas "[...] os benefícios da legislação comum, sempre que possível a sua aplicação" (Brasil, 1973, s/p.). A segunda dispõe que tais entes públicos devem prestar assistência aos indígenas e suas comunidades que não estejam ainda "integrados" à "comunhão nacional". A seguinte impõe a obrigação de respeitar as peculiaridades inerentes à condição de indígena ao proporcionar meios para o desenvolvimento dos índios. A quarta, por sua vez, determina que se assegure aos indígenas "[...] a possibilidade de que escolham os seus meios de vida e subsistência" (Brasil, 1973, s/p.). O inciso V obriga que se garanta "aos índios a permanência voluntária no seu habitat, proporcionando-lhes ali recursos para seu desenvolvimento e progresso" (Brasil, 1973, s/p.). O sexto inciso obriga que se respeite a coesão das comunidades indígenas, "[...] seus valores, tradições, usos e costumes" (Brasil, 1973, s/p.) em seu processo de integração à comunhão nacional. O sétimo inciso institui que os programas e projetos que beneficiem as comunidades indígenas devem ser feitos com a colaboração destas sempre que possível. O oitavo inciso estipula que devem ser usadas a cooperação, as qualidades pessoais e a iniciativa dos índios para melhorar suas condições de vida e sua "[...] integração no processo de desenvolvimento" (Brasil, 1973, s/p.). O inciso IX do mesmo artigo garante que esses povos têm a posse permanente das terras que habitam, reconhecendo que eles têm direito ao usufruto exclusivo dos recursos naturais e das demais utilidades presentes nessas terras. Por fim, o décimo inciso obriga os entes públicos supracitados a garantir o pleno exercício dos direitos civis e políticos dos indígenas legalmente estabelecidos.

Nos incisos do art. 2.º que referenciamos, identificamos novamente alguns elementos do art. 1.º, tais como a ideia de "integração", "comunhão nacional" e "preservação". Trata-se de expressões importantes, pois indicam qual era a política indigenista adotada na época em que a lei foi criada, além de serem elementos essenciais nos casos mais recentes de que fizemos estudo. A atenção que a lei dispensa às condições e aos contextos dos povos indígenas, constantes também nos dois artigos em comento, remete ao caráter ambivalente[31] de tal legislação dado desde o início: preservar e "integrar" à "comunhão nacional" e, dessa forma, levar o desenvolvimento ao indígena, mas, sempre, respeitando suas vontades, usos e costumes.

Nos incisos IV e V, por exemplo, constatamos ideias daquilo que pode ser chamado de "positivismo humanista de Rondon" que, em outros momentos, é oposto aos ditames da integração e do desenvolvimento. Para além do caráter autorreferente, às vezes vazio de significado, ou mesmo tautológico das definições empregadas pela lei, a legislação parece oscilar entre o "positivismo humanista de Rondon" e o simples assimilacionismo.

Os arts. 3.º e 4.º do Estatuto do Índio nos trazem classificações importantes para todo o funcionamento da regulação jurídica dos povos indígenas do Brasil, pois eles tratam das definições legais de indígena e de comunidade indígena. O primeiro artigo define em seu inciso I o que seria o "índio ou silvícola" e o inciso II o que seria "comunidade indígena ou grupo tribal". Vejamos:

[31] Desenvolveremos, mais à frente e com mais propriedade, o sentido dessa ambivalência.

> I – Índio ou Silvícola – É todo indivíduo de origem e ascendência pré-colombiana que se identifica e é identificado como pertencente a um grupo étnico cujas características culturais o distinguem da sociedade nacional;
> II – Comunidade Indígena ou Grupo Tribal – É um conjunto de famílias ou comunidades índias, quer vivendo em estado de completo isolamento em relação aos outros setores da comunhão nacional, quer em contatos intermitentes ou permanentes, sem contudo estarem neles integrados (Brasil, 1973, s/p.).

O objetivo de tal artigo é dizer, categoricamente, quem é indígena e o que é a comunidade indígena. No primeiro caso, a identidade jurídica de indígena passa por um critério biológico, a ascendência pré-colombiana, além de outro social, a autoidentificação e a heteroidentificação de grupo étnico diferenciado da "sociedade nacional". No caso de comunidade indígena, trata-se um conjunto de famílias indígenas, desde que não estejam integradas à "comunhão nacional".

Noções de integração, mobilizadas pelo legislador desde o primeiro artigo da lei em comento, são esclarecidas no artigo seguinte, o qual consideramos o mais relevante para esta pesquisa e a regulação dos direitos dos povos indígenas em geral. O art. 4.º cria três categorias de indígenas:

> I – Isolados – Quando vivem em grupos desconhecidos ou de que se possuem poucos e vagos informes através de **contatos eventuais** com elementos da comunhão nacional;
> II – Em vias de integração – Quando, **em contato intermitente ou permanente com grupos estranhos, conservam menor ou maior parte das condições de sua vida nativa**, mas aceitam algumas práticas e modos de existência comuns aos demais setores da comunhão nacional, da qual vão necessitando cada vez mais para o próprio sustento;

> III – Integrados – Quando **incorporados** à **comunhão nacional e reconhecidos no pleno exercício dos direitos civis**, ainda que conservem usos, costumes e tradições característicos da sua cultura (Brasil, 1973, s/p., grifos nossos).

Essa categorização se dá pelo grau de contato dos indígenas com aquilo que a legislação chama de "comunhão nacional" ou "sociedade nacional". Quanto mais "[...] aceitam práticas e modos de existência comuns aos demais setores da comunhão nacional" (Brasil, 1973, s/p.), menos isolados e mais integrados devem ser considerados os indígenas, segundo a legislação.

Para se chegar ao grau de indígena integrado, no entanto, o inciso III do art. 4.º impõe ainda que esses indígenas precisam estar integrados à "comunhão nacional" e reconhecidos no pleno exercício dos direitos civis para serem considerados integrados, "[...] ainda que conservem usos, costumes e tradições característicos de sua cultura" (Brasil, 1973, s/p.). É possível perceber, na conceitualização que a lei faz de indígena integrado, uma referência tautológica. Segundo a legislação, indígena integrado seria aquele "integrado à comunhão nacional". Tal jogo de palavras pouco nos diz sobre o que seria o conteúdo da noção de integração. A dificuldade de definir o que é a integração transparece, portanto, da definição legal empregada.

Esse artigo se tornará problemático, a nosso ver, com a reinstauração da democracia no Brasil e a promulgação da Constituição Federal de 1988, que abordaremos mais adiante. Isso porque entendemos que a Constituição Federal de 1988, em seus arts. 231 e 232, inaugurou um novo paradigma para o sujeito de direito indígena, considerando-o um sujeito de direito pleno que tem reconhecidos sua organização social, seus costumes, suas línguas, crenças e tradições, bem como os direitos originários sobre suas terras. Essa discrepância é agravada se considerarmos que, a partir de 2004, também passou a vigorar no Brasil a Convenção 169 da OIT. Essa legislação, em nossa opinião, rompeu com a visão anterior de indígena como sujeito passivo e incapaz para conferir maior autonomia a esses povos, por exemplo, o direito de consulta prévia e o direito à autoidentificação, dispostos nos arts. 1.º, 2.º e 6.º da referida Convenção.

A nova configuração que a regulação jurídica dos povos indígenas atingiu no atual paradigma suscita, a nosso ver, um conflito importante que deve ser analisado pelo cientista do direito. O art. 4.º do Estatuto do Índio é a materialização no ordenamento jurídico brasileiro de uma política indigenista de caráter assimilacionista que se encontra ultrapassada no atual paradigma constitucional brasileiro. Contudo, como ainda está formalmente vigente, o dispositivo continua a ser aplicado por juízes, desembargadores e ministros das Cortes superiores.

Esse problema se agrava diante do fato de que o art. 4.º da Lei 6.001/1973 não fornece critérios claros para a classificação que criou. De textura aberta, é possível que tal regra seja mobilizada de maneira arbitrária pelos aplicadores do direito que a interpretam. Isso pode ser prejudicial na medida em que, ao ser aplicado, o dispositivo fixa critérios de etnicidade particulares aos julgadores, que parecem contradizer padrões jurídicos, científicos e morais, ignoram a participação dos sujeitos de direitos indígenas no processo de sua classificação e restringem o acesso a outros direitos próprios aos povos indígenas do Brasil.

No segundo título do Estatuto do Índio, chamado "Dos Direitos Civis e Políticos", o qual compreende os arts. 5.º a 16.º, trata-se de questões centrais ao direito indigenista como assistência, tutela, registro civil e trabalho. Comentaremos apenas os arts. 5.º a 11.º presentes nesse trecho.

O art. 5.º estabelece que se aplicam aos indígenas as normas dos arts. 145 e 146 da Constituição Federal no tocante à nacionalidade e à cidadania. Esse dispositivo faz referência à Constituição Federal de 1967, considerando ainda que estavam em vigor o Ato Institucional 5 e a Emenda Constitucional 1, de 17 de outubro de 1969. Esse conjunto normativo fixava as regras de cidadania e nacionalidade, possibilitando a perda da cidadania. O parágrafo único do art. 5.º, por sua vez, apenas determina que o exercício dos direitos civis e políticos pelo índio depende de condições especiais determinadas em lei.

Em seu art. 6.º, o Estatuto do Índio determina que pode ser aplicado, a critério dos indígenas, o direito indígena nas "[...] relações de família, na ordem de sucessão, no regime de propriedade e nos atos ou negócios realizados entre os índios" (Brasil, 1973, s/p.). Contudo, de acordo com o parágrafo único do art. 6.º, aplica-se o direito comum às relações entre indígenas não integrados e "pessoas estranhas à comunidade indígena" (Brasil, 1973, s/p.). O texto do artigo reflete a posição oscilante, que mencionamos anteriormente, entre positivismo humanista e assimilacionismo. Ora o legislador fala em respeito aos usos e tradições indígenas, ora relativiza ou simplesmente reduz o alcance de tais disposições.

Os arts. 7.º, 8.º, 9.º, 10.º e 11.º, por sua vez, estão no capítulo II do título em comento e versam sobre a assistência ou tutela. Esses dispositivos têm de ser entendidos no contexto jurídico mais amplo em que foram implementados. Desde a época em que o Estatuto do Índio começou a ser desenvolvido e até o ano de 2002, estava em vigor a Lei 3.071, de 1.º de janeiro de 1916, também chamada Código Civil de 1916.

Esse Código possuía disposições que versavam sobre a capacidade civil do "silvícola"[32]. Considerava-se o "silvícola" como relativamente incapaz para o exercício da vida civil (Código Civil de 1916, art. 6.º, IV), sendo, portanto, julgado inapto para exercer certos atos da vida privada regulados pelo direito[33]. O referido Código colocava os indígenas na mesma situação de capacidade jurídica que os maiores de 16 e menores de 21 anos, as mulheres casadas e os pródigos (Código Civil de 1916, art. 6.º, I a III).

[32] Nome considerado ofensivo por grande parte dos povos indígenas do Brasil em virtude de sua etimologia e raízes coloniais.

[33] Como aponta Souza Filho (2018, p. 98), o projeto original do Código Civil não incluía os indígenas como relativamente incapazes, sendo esse acréscimo feito por emenda do Senador Muniz Freire.

O parágrafo único do art. 6.º do antigo Código Civil complementava estipulando que os "silvícolas" deviam ficar submetidos ao regime de tutela (a ser regido por legislação específica), o qual deveria cessar à medida de sua adaptação. Com a revogação do Código Civil de 1916 e a promulgação do Código Civil de 2002, o regime tutelar foi abolido do Código Civil, o vocábulo "silvícola" deixou de ser utilizado e os indígenas pararam de figurar no rol de relativamente incapazes para a vida civil do art. 4.º. Contudo, o parágrafo único do referido artigo manteve a remissão à legislação especial que regula a capacidade dos indígenas. Por meio do art. 6.º do antigo Código Civil, podemos perceber que a problemática em torno da "adaptação" do indígena está presente há muito tempo no direito brasileiro.

O art. 7.º do Estatuto do Índio estabelece que todos os indígenas e suas comunidades estão submetidos ao regime tutelar fixado pelo Estatuto do Índio, desde que não sejam considerados integrados à comunhão nacional. No § 1.º do referido artigo, temos, mais uma vez, a regra de que se aplica o direito comum, naquilo que couber, à exceção dos casos relativos a bens imóveis em hipoteca legal, prestação de caução real ou fidejussória. Por seu turno, o § 2.º determina que à União incumbe a tutela dos indígenas, que o fará mediante órgão federal de assistência, que entendemos ser a Funai, supondo provisoriamente a constitucionalidade de tal instituto.

O art. 8.º, por sua vez, visa regular os negócios jurídicos praticados entre indígenas não integrados e "cidadãos comuns", plenamente capazes. Ele determina que são nulos juridicamente os atos praticados entre indígena não integrado e pessoa estranha à comunidade indígena, sem a assistência de tal órgão tutelar.

O art. 9.º fornece as hipóteses de liberação do regime da tutela. Ele determina que qualquer indígena pode requerer ao Judiciário sua liberação do regime tutelar, momento a partir do qual o índio passaria a ter plena capacidade civil. Exige-se, contudo, que o requerente cumpra os seguintes requisitos: I) tenha idade mínima de 21 anos; II) conheça a língua portuguesa; III) tenha "habilitação para o exercício de atividade útil [...] [à] comunhão nacional" (Brasil, 1973, s/p.); IV) tenha compreensão pelo menos razoável dos "usos e costumes da comunhão nacional" (Brasil, 1973, s/p.). No parágrafo único do referido artigo, estabelece-se, por fim, que tal processo de livramento da tutela deve ser feito com base em instrução sumária, sendo obrigatória tanto a oitiva do órgão de assistência ao índio e do Ministério Público Federal quanto a sentença transcrita no registro civil do indígena requerente.

O Estatuto do Índio abre também a possibilidade de requisição administrativa de declaração da condição de integrado. Em seu art. 10.º, determina que o indígena pode requerer por escrito que o órgão de assistência o reconheça formalmente na condição de integrado. Esse reconhecimento formal, se homologado judicialmente e inscrito no registro civil, cessa qualquer restrição à capacidade do indígena, liberando-o, portanto, do regime de tutela.

Há também a possibilidade da declaração de emancipação coletiva de comunidade indígena e seus membros mediante decreto do Presidente da República, prevista no art. 11.º da Lei 6.001/1973. O dispositivo legal impõe ainda como condicionantes: a requisição pela maioria dos membros do grupo comprovada por inquérito do órgão competente, atualmente, a Fundação Nacional do Índio, bem como os mesmos requisitos do art. 9.º, os quais já mencionamos: idade mínima, conhecimento da língua portuguesa, habilidade para o exercício de "atividade útil" e compreensão razoável dos usos e costumes da "comunhão nacional".

Os dispositivos que comentamos anteriormente são necessários para compreender as categorias jurídicas analisadas neste trabalho, uma vez que os conceitos jurídicos de indígena, tutela e integração estão relacionados a quase todos os dispositivos do Estatuto do Índio. É o caso, por exemplo, do art. 50 que trata da educação indígena que determina a orientação "para a integração na comunhão nacional" na educação indígena.

No entanto, ater-nos-emos somente àquilo que é relevante para este trabalho. Assim, passemos a analisar o art. 56, *caput* e parágrafo único, presente no "Capítulo I – Dos Princípios" do "Título VI – Das Normas Penais".

Esses artigos tratam do caso de condenação à pena de prisão de indígena, seja pelo cometimento de condutas entendidas como crimes ou contravenções penais. O *caput* do art. 56 determina que, em caso de condenação de indígena, a pena deve ser atenuada e, na aplicação da pena, o juiz tomará em conta o "grau de integração do silvícola". Aqui faz-se referência ao art. 3.º, que dá a definição jurídica de indígena, e ao art. 4.º, que estabelece os diferentes graus de integração.

Por sua vez, o parágrafo único do art. 56 estabelece que a pena de prisão, se possível, será cumprida em um regime único especial de semiliberdade. Essa alternativa legal ao tradicional cumprimento de pena caracteriza-se por se dar no local de funcionamento do órgão de assistência aos índios mais próximo da habitação do indígena condenado. No caso, esse órgão é atualmente a Fundação Nacional do Índio, conforme Lei 5.371, de 5 de dezembro de 1967.

O Estatuto do Índio revela algo para o que chamou atenção Villas Bôas Filho (2016, 2017a), sobre a ambivalência da juridicização[34] do campo indigenista no Brasil. Em contraposição ao demasiado otimismo com que têm sido vistos a "[...] expansão e adensamento da regulação jurídica" (Villas Bôas Filho, 2016, p. 340) dos direitos dos povos indígenas, o autor nos aponta que esse processo possui características que reforçam a submissão dos povos indígenas como se pode ver na juridicização pelo modelo de "ordem imposta", isto é, "[...] a tendência de desconsideração das categorias autóctones no âmbito do processo de juridicização [...]" (Villas Bôas Filho, 2016, p. 369) e, por fim, "[...] a assimetria de forças com que os agentes [...] manejam o direito para a satisfação de interesses contrários aos dos povos indígenas" (Villas

[34] Aqui entendida como "[...] proliferação do direito positivo, tal como observável por meio da inflação legislativa e regulamentar, e a multiplicação das formas jurídicas de regulação das relações sociais" (Villas Bôas Filho, 2016, p. 359).

Bôas Filho, 2016, p. 369), o que se pode perceber se atentarmos para a disparidade de capital econômico, cultural ou social entre povos indígenas e não indígenas para acessar eficientemente e representar seus interesses no sistema de justiça.

No caso do Estatuto do Índio, observamos mais claramente como a juridicização, ao mesmo tempo que garante alguns direitos aos povos indígenas, também possibilita sua mobilização contra os interesses e direitos dos povos indígenas por meio de dispositivos de desconsideração da identidade étnica, como é possível ver notadamente nos arts. 4.º e 56.

No final dos anos 1960 e, concomitantemente às discussões que levam à publicação do Estatuto do Índio, começa a surgir uma mudança da percepção social sobre a política indigenista existente no Brasil. Essa mudança surge de três focos principais: dos antropólogos, dos servidores da Funai, notadamente os irmãos Villas Bôas e, por fim, dos setores da Igreja Católica (Valente, 2017, p. 227).

Da parte dos antropólogos, em 1971, foi publicado um documento chamado "Declaração de Barbados", assinado por 11 pessoas, entre elas Darcy Ribeiro, durante o "Simpósio sobre fricção interétnica na América do Sul". A Declaração fazia críticas muito duras à atuação dos Estados latino-americanos, dos missionários e religiosos entre os indígenas e, também, dos próprios antropólogos. O documento termina por indicar que uma nova política indigenista deveria ser construída no sentido de garantir autonomia, autogestão e autogoverno dos indígenas sobre si próprios.

Os sertanistas da Funai Leonardo Villas Bôas, Álvaro Villas Bôas e Orlando Villas Bôas, conhecidos como irmãos Villas Bôas, tiveram um papel ativo na crítica da política indigenista e na gestão administrativa da Funai durante a ditadura militar. Conforme mostra Valente (2017, p. 226-233), os irmãos denunciaram a condição de mendicância de indígenas; criticaram a falta de recursos disponibilizados à Funai; as consequências negativas de obras de infraestrutura; o extermínio de indígenas; a censura do governo; e a falta de qualificação dos funcionários públicos da Funai. Conforme o documento "Y-Juca Pirama – O índio: aquele que deve morrer", "o sertanista Orlando Villas Bôas [teria dito sobre a construção da estrada BR-80]: 'Não tem levado para a região senão cachaça, prostituição, aventureiros e depredadores da natureza'" (CNBB, 1973, p. 4), demonstrando, assim, sua posição crítica com relação a esse e outros empreendimentos do governo federal.

Os religiosos começam a perceber sua responsabilidade na sobrevivência dos indígenas e, em 1970, a CNBB encomenda um estudo sobre a atividade dos missionários na Amazônia. Essa pesquisa, conduzida pelo Padre Antônio Iasi Júnior, concluiu que os religiosos deixavam os indígenas abandonados à própria sorte e sugeriu que fosse criado um novo órgão dentro da Igreja que lidasse com o trabalho missionário entre indígenas (Valente, 2017, p. 229). Da parte dos religiosos, foi instituído, em 1972, o Conselho Indigenista Missionário (CIMI), órgão ligado à CNBB, que viria a ter uma atuação muito importante na mudança da política indigenista brasileira. A princípio, o CIMI funciona em colaboração com a política do governo ditatorial e, após algum tempo, torna-se um dos principais articuladores de uma nova política indigenista (Valente, 2017, p. 233).

Em 1973, publica-se o boletim "Y-Juca Pirama – O índio: aquele que deve morrer". Trata-se de um documento que fez uma forte denúncia contra a política indigenista dos militares. Do folheto não constava autoria, mas dizia ser "documento de urgência de bispos e missionários" (CNBB, 1973, p. 1; Valente, 2017, p. 235). Esse texto compilou uma série de crimes cometidos contra índios, noticiados pela imprensa, além de criticar a política de desenvolvimento do governo militar e a política indigenista de "integração". O folheto chega a concluir o seguinte:

> O trabalho a ser feito será decidido com os índios e nunca *para* os índios. Eles mesmos desenvolverão seus valores e suas técnicas e decidirão o que aceitam de nossa cultura e com isso realizarão seu caminho original colaborando com o verdadeiro desenvolvimento integral do Brasil e da Humanidade (CNBB, 1973, p. 23, destaques do autor).

2.4 Da Assembleia Nacional Constituinte à Constituição da República Federativa do Brasil de 1988

Com o processo político de redemocratização do Estado brasileiro, iniciaram-se as mobilizações para a formação da Assembleia Nacional Constituinte, a fim de dar ao Brasil uma nova Constituição.

Formalmente, a Constituinte foi o resultado de convocação por meio da Emenda Constitucional 26/1985 à Constituição ditatorial até então vigente (Branco, 2018, p. 104). Seu art. 1.º, ao determinar que a Assembleia Nacional Constituinte seria livre e soberana e o fato de que houve eleições para deputados e senadores com o fim de criar uma nova ordem constitucional, deu a essa Assembleia poderes constituintes originários, isto é, poderes iniciais, incondicionados a formas e ilimitados pela ordem jurídica anterior (Branco, 2018, p. 104-105).

Eleitos os parlamentares constituintes, foram criados grupos de trabalho para que se discutissem e se fizessem propostas ao texto final da Constituição de modo mais eficiente. A Constituinte foi dividida, então, em 8 Comissões Temáticas e 24 Subcomissões Temáticas. Após o envio das sugestões de texto pelas Comissões Temáticas, à Comissão Sistematizadora coube o papel de unificar e harmonizar os projetos enviados, oportunidade em que houve grandes modificações na proposta de texto constitucional (Mendes; Mudrovitsch, 2017, p. 10, 12).

Durante a Assembleia Nacional Constituinte, houve uma forte mobilização de movimentos indígenas e indigenistas que produziram o rompimento com a política indigenista da ditadura a partir de novas normas incluídas no texto constitucional, notadamente aquelas presentes nos arts. 231 e 232, que exploraremos mais adiante.

Entre os movimentos e personagens que se destacaram na produção dos principais artigos sobre os povos indígenas, presentes no "Capítulo VIII – Dos índios" no "Título VIII – Da Ordem Social", está o trabalho da Associação Brasileira de Antropologia (ABA) e da Comissão Pró-Índio de São Paulo, bem como do líder indígena Ailton Krenak, do jurista Dalmo de Abreu Dallari, da antropóloga Manuela Carneiro da Cunha e do parlamentar constituinte José Carlos Sabóia (Dias; Capiberibe, 2019).

Esse grupo, reunido em torno da Comissão Pró-Índio, conhecia bem a situação dos direitos dos povos indígenas brasileiros, bem como seus entraves legais. Foi a partir de Dalmo de Abreu Dallari e da Comissão Pró-Índio que adveio a ideia de positivar os direitos territoriais como direitos originários, que precederiam da Constituição, a partir da chamada Teoria do Indigenato, defendida pelo jurista João Mendes Júnior no começo do século XX (Dias; Capiberibe, 2019, p. 40-41).

Também foi em razão da mobilização desse grupo que o texto positivado no art. 232 da Constituição garantiu aos indígenas, suas comunidades e organizações capacidade processual, isto é, capacidade para figurarem como partes legítimas em ações judiciais em defesa de seus direitos e interesses (Dias; Capiberibe, 2019, p. 41).

A articulação na Assembleia Nacional Constituinte em favor do texto que acabou sendo positivado enfrentou obstáculos à aprovação, notadamente com relação aos §§ 3.º e 6.º do art. 231 da Constituição, que tratam de mineração e hidrelétricas (Dias; Capiberibe, 2019, p. 46-47).

Como relata Manuela Carneiro da Cunha, havia na época grande cobiça pelas riquezas minerais da região amazônica, que haviam sido identificadas pelo Projeto Radam Brasil, de 1975 (Dias; Capiberibe, 2019, p. 46-47). Assim, à época da Constituinte, todas as áreas da Amazônia já contavam com requisições de lavra por mineradoras (Dias; Capiberibe, 2019, p. 46-47).

O § 6.º do art. 231, que declarou a nulidade e a extinção de atos que permitissem a exploração de riquezas naturais do solo, rios e lagos em terras indígenas, só pôde ser aprovado mediante o acontecimento de três eventos principais: a) a articulação com o grupo Coordenação Nacional de Geólogos; b) o discurso de Ailton

Krenak na Constituinte; e c) a contribuição, por circunstâncias excepcionais, do jurista, militar e político da ditadura, Jarbas Passarinho (Dias; Capiberibe, 2019, p. 49-51).

Havia, na época, convergência de interesses entre defensores de direitos dos povos indígenas e grupos de *lobby* nacionalistas em restringir a mineração no País. Foi possível que defensores dos direitos dos índios se articulassem com a Coordenação Nacional de Geólogos, que entendia ser de interesse estratégico ao país não permitir a mineração por empresas privadas (Dias; Capiberibe, 2019, p. 46-47).

Também houve muita dificuldade para aprovação dos arts. 231 e 232 da Constituição na Constituinte em razão de um escândalo, fruto de uma má interpretação de uma proposta da CIMI, que incluiria na Constituição trecho em que constava a expressão "nações indígenas", apesar da discordância de outros movimentos indigenistas e da ABA (Dias; Capiberibe, 2019, p. 49).

A discordância provou-se fundada, uma vez que a proposta gerou uma reação por parte da imprensa e de setores conservadores da sociedade que viam na expressão uma ameaça à segurança nacional. Foi produzida uma campanha difamatória contra os movimentos que defendiam os direitos dos povos indígenas, acusados de fazer parte de uma conspiração internacional contra o Estado brasileiro (Dias; Capiberibe, 2019, p. 49-50; Fernandes, 2015, p. 160).

Essa campanha representou grandes riscos à positivação de direitos e garantias aos povos indígenas na Constituinte, notadamente os §§ 3.º e 6.º do art. 231. No entanto, foi revertido, a partir de dois acontecimentos importantes mencionados anteriormente: o discurso de Ailton Krenak na Constituinte e a articulação com Jarbas Passarinho.

A nosso ver, a importância do primeiro acontecimento advém do fato de que o discurso amenizou ataques que vinham sofrendo os grupos que defendiam os direitos dos povos indígenas na Constituinte, ajudando a viabilizar o capítulo "Dos índios" perante a opinião pública. Enquanto esse fato foi relevante para a viabilização da proposta no âmbito externo à Constituinte, o segundo fato ocorrido foi essencial para a viabilidade da proposta internamente, entre os parlamentares constituintes.

Conforme registrado por escrito no *Diário da Assembleia Nacional Constituinte* (Brasil, 1988b, p. 572-573) e em vídeo (Krenak, 2019), em 4 de setembro de 1987, Ailton Krenak falou representando a Associação Brasileira de Antropologia, a Coordenação Nacional de Geólogos e a Sociedade Brasileira pelo Progresso da Ciência. Krenak defendeu, em seu discurso, o trabalho da Subcomissão dos Negros, Populações Indígenas, Pessoas Deficientes e Minorias, da Comissão da Ordem Social da Constituinte, que havia gerado o texto sobre os direitos dos povos indígenas presente no primeiro anteprojeto da Constituição. Criticou, também, ataques e agressões que vinham sofrendo os indígenas e ressaltou a diferença do modo de vida indígena e a ausência de risco ou pretensões ilegítimas sobre bens de quem quer que seja.

Contudo, o que produziu grande efeito para a opinião pública foi a combinação do discurso oral com uma *performance* de pintura facial que fez Krenak nos minutos finais de seu discurso. Vestido de terno e gravata, conforme prosseguia em sua fala, Krenak espalhou em seu rosto um material que tingia sua pele da cor preta, fazendo referência à pintura facial que pode ser relacionada a tradições de povos indígenas. O discurso de Krenak, segundo Dias e Capiberibe (2019, p. 13), "[...] se não foi responsável único por reverter a situação, ficou marcado na memória de quem o presenciou, e ainda vibra na memória coletiva".

O segundo acontecimento que cabe destacar como relevante para a aprovação do capítulo "Dos índios" na Constituição de 1988 foi a articulação com o político Jarbas Passarinho. Como conta Manuela Carneiro da Cunha:

> Quem negociou para que não ficasse pior? E aí entra outro tipo de milagre. A gente nunca soube por que Jarbas Passarinho mediou e fez aprovar do jeito que

> estão esses dois parágrafos mais complicados (com ressalvas, é claro, mas fez aprovar). [...] a mulher do Jarbas Passarinho havia morrido em Altamira, na região do Pará. D. Erwin concordou em oficiar o enterro e Jarbas Passarinho, em agradecimento perguntou: "O que posso fazer para o senhor?". E ele respondeu: "O senhor aprova o capítulo 'Dos Índios', por favor?". Jarbas Passarinho era um cara de direita, dos militares (ele era militar), mas ele cumpriu a promessa (Dias; Capiberibe, 2019, p. 51).

Aprovada, a Constituição da República Federativa do Brasil de 1988 inaugurou, com seus arts. 231 e 232, um novo paradigma protetivo com relação aos indígenas brasileiros (Villares, 2009, p. 16). Em que pese o texto aprovado não tenha sido tão adequado quanto o proposto pela Comissão Afonso Arinos, a Constituição de 1988 alcançou um patamar de proteção dos povos indígenas razoável, segundo Silva (2014, p. 868).

Para muitos autores, a exemplo de Souza Filho (2018, p. 91), a Constituição de 1988 reconheceu o Brasil como um Estado pluricultural, assim como fizeram outros Estados latino-americanos. Ela teria revolucionado "[...] a relação entre o Estado e os povos indígenas porque reconheceu o direito de permanecerem para sempre como índios [...]" (Souza Filho, 2018, p. 90-91). O autor elenca sete avanços nos direitos dos povos indígenas concernentes ao sistema anterior:

> [...] (1) ampliou os direitos dos índios reconhecendo sua organização social, seus usos, costumes, religiões, línguas e crenças; (2) considerou o direito à terra como originário, isto é, anterior à lei ou ato que assim o declare; (3) conceituou terra indígena incluindo não só aquelas necessárias à habitação, mas à produção, preservação do meio ambiente e as necessárias à sua reprodução física e cultural; (4) pela primeira vez, em nível constitucional, admitiu-se no Brasil que existem direitos indígenas coletivos, seja reconhecendo a organização social indígena, seja concedendo à comunidade o direito de opinar sobre o aproveitamento dos

> recursos naturais e o de postular em juízo; (5) tratou com mais detalhes, estabelecendo assim melhores garantias, da exploração dos recursos naturais, especialmente os minerais, para o que exige prévia anuência do Congresso Nacional; (6) proibiu a remoção de grupos indígenas, dando ao Congresso Nacional a possibilidade de estudo das eventuais e estabelecidas exceções; (7) mas acima de tudo chamou os índios de índios e lhes deu o direito de continuarem a sê-lo (Souza Filho, 2018, p. 90-91).

Para Villas Bôas Filho (2017b, p. 560), a Constituição atual é um marco legal que extinguiu o regime de tutela estabelecido no Estatuto do Índio, bem como seus demais aspectos integracionistas. Assim, de forma resumida, a Constituição reconheceu proteção à organização social, aos costumes, às crenças e tradições, direitos originários sobre terras tradicionalmente ocupadas; também garantiu aos indígenas o acesso à jurisdição e determinou que o Ministério Público defenda os direitos dos povos indígenas.

Entendemos que a Constituição garantiu o direito à diferença indígena ao dizer, em seu art. 231, que reconhece "[...] aos índios sua organização social, costumes, línguas, crenças e tradições" (Brasil, 1988a, s/p.). Essa diferença é preexistente à Constituição e não é determinada por ela, mas apenas reconhecida. Ela se dá em relação aos não indígenas e justifica o tratamento diferenciado que têm os povos indígenas no ordenamento jurídico brasileiro.

Trata-se de uma diferença que é plena, pois a Constituição não a condiciona a nenhum fator nem a qualifica de nenhuma forma. Por esse motivo, querer interpretar o reconhecimento à diferença que a Constituição confere a esses povos, de modo a limitá-lo por critérios exógenos a eles próprios, seria uma interpretação em desacordo com aquilo que diz o texto constitucional.

A Constituição também não faz reservas legais acerca desse tema, escolheu que fosse desse modo, não sendo válidos, portanto, os dispositivos infralegais que entrem em contradição com o mandamento constitucional que reconhece a plena diferença dos povos indígenas.

Afinal, o que é esse reconhecimento à diferença indígena manifesto no art. 231 da Constituição? Não se trata de uma mera homenagem feita pelo constituinte aos povos indígenas, e sim do reconhecimento ao exercício e manutenção dessas diferenças contra a violação, aquilo que se chama de direito. Portanto, muito embora a Constituição não tenha dito expressamente "reconhece-se o direito à diferença dos povos indígenas", ela estabeleceu algo equivalente: que essa diferença deve ser respeitada.

Esse direito à diferença significa, então, o direito a que os indígenas determinem sua própria organização social, pratiquem seus próprios costumes, exercitem suas línguas, crenças e tradições, indistintamente.

Ao lado desse direito fundamental dos povos indígenas, o *caput* do art. 231 também reconhece "os direitos originários sobre as terras que tradicionalmente ocupam". Portanto, é evidente que os direitos sobre as terras que tradicionalmente ocupam os índios são anteriores à própria Constituição. Isso implica a ausência de necessidade de que as terras sejam demarcadas previamente para que os povos indígenas possam exercer seus direitos sobre elas.

Os dois próximos parágrafos do artigo 231 aprofundam o conteúdo do direito originário sobre as terras, definindo o que significaria "terras tradicionalmente ocupadas". No § 1.º, são definidos quatro tipos de terras tradicionalmente ocupadas:

a) terras habitadas permanentemente pelos índios; b) terras utilizadas por eles em suas atividades produtivas; c) terras imprescindíveis à preservação dos recursos naturais necessários a seu bem-estar; e d) terras necessárias à sua reprodução física e cultural, segundo seus usos, costumes e tradições. No § 2.º do art. 231, por sua vez, estabelece-se que essas terras se destinam a sua posse permanente, cabendo a eles o usufruto exclusivo das riquezas do solo, dos rios e dos lagos nelas existentes. Por fim, no § 4.º, adiciona-se que as terras tradicionalmente ocupadas pelos índios são "[...] inalienáveis e indisponíveis, e os direitos sobre elas, imprescritíveis" (Brasil, 1988a, s/p.).

Outrossim, são inovações constitucionais brasileiras presentes na Constituição de 1988 aquelas incluídas nos §§ 3.º e 5.º do art. 231. O § 3.º exige a oitiva de comunidades afetadas por atividades de aproveitamento de recursos hídricos e minerais e a autorização do Congresso Nacional, garantindo às comunidades participação nos resultados da lavra. O § 5.º, por seu turno, vedou a remoção de grupos indígenas de suas terras, salvo em caso de catástrofe e epidemia com posterior referendo do Congresso Nacional e salvo interesse da soberania do País com prévia deliberação do Congresso. Foi garantido o direito ao regresso logo que o risco seja cessado.

Assinala-se que o § 7.º do art. 231 excluiu a aplicação do art. 174 da Constituição para as terras indígenas. Esse artigo determina que o Estado deve favorecer a atividade garimpeira e dar prioridade a ela na obtenção de autorização ou concessão para pesquisa e lavra de recursos minerais. Portanto, trata-se de mais uma proteção ao pleno gozo dos direitos territoriais dos povos indígenas.

O art. 232, por fim, como relatado anteriormente, deu tanto aos índios como às suas comunidades e organizações o direito de ingressar em juízo para defender seus interesses e direitos, devendo o Ministério Público intervir em todos os atos do processo. O que a Constituição fez foi retirar a necessidade de os indígenas se fazerem representar pelo órgão indigenista para entrarem em juízo, medida que visa protegê-los de sofrer constrangimento de suas ações por órgãos estatais. Ao mesmo tempo, garantiu que o Estado possa influenciar, como *custos legis*, nesses casos.

Essa inovação constitucional evidencia o fim do regime de tutela dos povos indígenas brasileiros, que exigia que eles fossem representados pelo órgão indigenista, no caso a Funai, o que se mostrou inefetivo para atender aos interesses e proteger os direitos dos povos indígenas na experiência brasileira.

Salvo o capítulo dos índios da Constituição, que contém os arts. 231 e 232, está dispersa na Constituição Federal uma série de outros artigos relevantes para o direito indigenista, por exemplo, art. 20, XI; art. 22, IV; art. 49, XVI; art. 109, XI; art. 129, V; art. 176, § 1.º; art. 210, § 2.º; art. 215, § 1.º (Silva, 2014, p. 868).

Há, entre esses dispositivos normativos, aqueles que tratam diretamente de questões indígenas, como é o caso do inciso XI do art. 20 da Constituição, que determina serem bens da União as terras tradicionalmente ocupadas pelos índios, e do inciso XVI do art. 49, que determina que é competência exclusiva do Congresso Nacional autorizar a exploração e o aproveitamento de recursos hídricos, pesquisa e lavra de riquezas minerais em terras indígenas.

Há, também, dispositivos que não se referem diretamente aos povos indígenas, mas têm grande importância para eles, tendo em vista que podem impactar o exercício de seus direitos. É exemplo a competência privativa da União para legislar sobre águas, energia, informática, telecomunicações e radiodifusão, prevista no art. 22, IV, da Constituição. Ao restringir a competência da administração direta à União, salvo por delegação de lei complementar, a Constituição fez com que a agenda de infraestrutura e obras públicas, a qual costuma gerar impactos negativos às condições de vida de populações indígenas, não seja facilmente delegada e regulamentada por entes locais, que podem ser mais suscetíveis a pressões desfavoráveis à proteção dos direitos de indígenas.

Também são relevantes inovações trazidas pela Constituição os dispositivos que se dirigem a proteger a diversidade cultural indígena, reconhecendo as culturas indígenas brasileiras como perenes e dignas de proteção. São exemplos o § 2.º do art. 210 da Constituição, que garante que, no ensino fundamental, será assegurado aos indígenas o ensino de suas "[...] línguas maternas e processos próprios de aprendizagem" (Brasil, 1988a) e o § 1.º do art. 215 da Constituição, que determina ao Estado o dever de garantir o pleno exercício dos direitos culturais e acesso às fontes de cultura, dando especial proteção às manifestações das culturas indígenas.

Uma significativa ausência na Constituição de 1988 é a inexistência de dispositivos que determinem que é competência da União, ou de qualquer outro órgão, para legislar sobre "a incorporação de silvícolas à comunhão nacional", um tipo de dispositivo legal presente na maior parte das Constituições brasileiras na história do Brasil.

Os dispositivos constitucionais que versam sobre povos indígenas ou que possuem impacto sobre eles nos levam a reimaginar como devem ser interpretadas as normas pretéritas presentes no Estatuto do Índio, notadamente aquelas que versam sobre o processo de "integração" dos povos indígenas. Isso porque os comandos presentes no Estatuto conflitam diretamente com princípios de ação do Estado e direitos fundamentais estipulados pela Constituição, notadamente o direito à diferença anteriormente referido.

Se são reconhecidos aos índios sua organização social, costumes, línguas, crenças e tradições (direito à diferença), como prevê o art. 231 da Constituição, e se ao Estado cabe assegurar o pleno exercício dos direitos culturais, bem como reconhecer como patrimônio cultural brasileiro os modos de criar, fazer e viver dos grupos formadores da sociedade brasileira (v. arts. 215, § 1.º, e 216, II, da CF/1988), às culturas indígenas são garantidos a proteção perene e os meios para sua sobrevivência, sendo vedado ao Estado atuar contra esses comandos constitucionais.

Essa nova orientação constitucional sobre os direitos dos povos indígenas, presente em todo o texto constitucional, não pode ser compatível com o propósito do Estatuto do Índio de "integrá-los" ou mesmo de classificá-los em "graus de integração" e de negar-lhes direitos como o direito de praticarem atos da vida civil, de manifestarem sua vontade juridicamente, de ingressarem em juízo autonomamente e de terem uma educação que não seja voltada à sua "integração", mas sim à perpetuação de seus modos de vida, de acordo com o que acharem mais conveniente para si mesmos.

Também se tornou incompatível com a Constituição de 1988 a utilização de critérios de "grau de integração" para garantir-lhes o direito à atenuação da pena, como prevê o art. 56. Isso se deve ao fato de que tal dispositivo induz à adoção de um critério altamente discriminatório, que orienta o julgador a um julgamento que tem como base um preconceito: a ideia de que a cultura indígena é algo transitório.

O artigo referido induz ao julgador a pensar que, se não estão presentes características percebidas externamente como "próprias a um indígena", isso deve ser levado em consideração para aplicar com menor intensidade ou deixar de aplicar a atenuação da pena prevista no art. 56.

Esse comando restringe a percepção da diversidade inesgotável de como podem se manifestar culturas indígenas, algo a que a Constituição de 1988 atribuiu total e perpétua proteção. Dessarte, o art. 56 do Estatuto do Índio comanda o aplicador da lei a julgar com parâmetro em um critério evolucionista, o que é absolutamente incompatível com o paradigma constitucional de proteção aos direitos dos povos indígenas brasileiros presente na Constituição de 1988, que tem como base o direito à diferença.

Entendemos que essa interpretação é aquela mais adequada a atender o princípio da ótima concretização da norma constitucional, princípio de hermenêutica constitucional apontado como basilar para a "[...] consolidação e preservação da força normativa da Constituição" (Hesse, 1991, p. 22).

Como podemos observar, configurou-se, no direito brasileiro, um problema jurídico, o Estatuto do Índio não foi, até o momento, declarado inconstitucional. Sua validade no plano normativo faz com que ele seja, frequentemente, aplicado pelo Poder Judiciário sem consideração do novo paradigma instituído pela Constituição Federal, bem como tratados internacionais incorporados ao direito doméstico, como é o caso da Convenção 169 da OIT.

2.5 A intensificação da problemática jurídica: Convenção 169 da OIT e legislação internacional

A Convenção 169 da OIT sobre Povos Indígenas e Tribais é um compromisso internacional assinado em Genebra, Suíça, em 27 de junho de 1989. O Brasil é signatário dessa Convenção, tendo concluído todos os trâmites legais para sua incorporação e plena vigência no direito brasileiro com a promulgação do Decreto 5.051, de 19 de abril de 2004, da Presidência da República.

Atualmente, o Decreto 10.088, de 5 de novembro de 2019, da Presidência da República, revogou o Decreto 5.051/2004 para fins de consolidar em um só diploma legal os diferentes atos normativos editados pelo Poder Executivo Federal que dispõem sobre a promulgação de convenções e recomendações da OIT ratificadas pelo Brasil, passando a Convenção 169 a constar no anexo LXXII do Decreto 10.088/2019, logo, a Convenção possui plena vigência. Para fins da análise a ser produzida neste trabalho, tendo em vista a natureza dessa alteração legislativa e o fato de que ela se deu após o período temporal selecionado, não há quaisquer implicações.

A Convenção 169 da OIT encontra, no direito brasileiro, o *status* de norma infraconstitucional supralegal. Isso porque a jurisprudência do STF[35] tem entendido, a partir da discussão da constitucionalidade da prisão civil de depositário infiel[36], que tratados internacionais de direitos humanos ratificados pelo Brasil anteriormente à Emenda Constitucional 45/2004 possuem natureza infraconstitucional e supralegal, tendo em vista o caráter especial desse tipo normativo (Ramos, 2021, p. 577-578). Isso significa que normas como a Lei 6.001/1973 não podem contrariar a Convenção 169 da OIT.

A jurisprudência do STF também indica que não só os tratados internacionais sobre direitos humanos incorporados ao direito brasileiro têm uma hierarquia superior às leis infraconstitucionais, mas também devem ser utilizados como parâmetro interpretativo, tanto das normas infraconstitucionais como das constitucionais, como bem aponta Maués (2013, p. 228). Isso se verifica no caso do depositário infiel, em que o próprio texto do inciso LVII do art. 5.º da Constituição foi excepcionado com base em interpretação da Convenção Americana de Direitos Humanos (CADH).

A Convenção 169 da OIT intensificou ainda mais a problemática jurídica a respeito da recepção pela Constituição de 1988 do paradigma integracionista presente no Estatuto do Índio. É

---

[35] Confira-se, para isso, o RE 466.343, Rel. Min. Cezar Peluso, voto do Min. Gilmar Mendes, P, j. 03.12.2008, *DJe* 104, de 05.06.2009; e o HC 95.967, 2.ª Turma, Rel. Min. Ellen Gracie, j. 11.11.2008, *DJe* 227, de 28.11.2008.

[36] Confira-se a Súmula Vinculante 25 do STF.

possível verificar a oposição entre a Convenção 169 e o objetivo de "integração" do Estatuto em todo o texto da norma internacional, que trata desde temas como identificação, educação, meios de comunicação, seguridade social, até condições de emprego e terras.

Especificamente, é possível apontar como uma ruptura à legislação da ditadura militar desde o texto preambular da referida Convenção, em que há a intenção expressa de "[...] se eliminar a orientação para a assimilação das normas anteriores", até a previsão de regras de consulta e de participação na política indigenista, prevista nos arts. 6.º e 7.º, por exemplo.

A previsão do direito à consulta no art. 6.º da Convenção obriga os governos a consultar os povos tradicionais interessados, utilizando-se de procedimentos culturalmente adequados, que respeitem suas instituições representativas e garantam a participação livre, prévia e informada desses povos ante qualquer medida legislativa ou administrativa que possa afetá-los diretamente. Evidente, portanto, a ruptura com o paradigma integracionista, que desconsiderava a vontade dos povos indígenas nos processos de tomada de decisões que podiam impactá-los. Essa ruptura também fica clara se observarmos o que diz o art. 7.º, que garante aos povos indígenas e comunidades tradicionais o direito de escolher suas prioridades no processo de desenvolvimento do Estado e de controlar seu próprio desenvolvimento econômico, social e cultural.

No entanto, são os pontos em que a Convenção trata dos sujeitos a quem ela se aplica, presentes em seu art. 1.º, aqueles mais relevantes para essa discussão. Em seu art. 1.º, item 1, a Convenção determina que ela é aplicável:

> a) aos povos tribais em países independentes, cujas condições sociais, culturais e econômicas os distingam de outros setores da coletividade nacional, e que estejam regidos, total ou parcialmente, por seus próprios costumes ou tradições ou por legislação especial;

> b) aos povos em países independentes, considerados indígenas pelo fato de descenderem de populações que habitavam o país ou uma região geográfica pertencente ao país na época da conquista ou da colonização ou do estabelecimento das atuais fronteiras estatais e que, seja qual for sua situação jurídica, conservam todas as suas próprias instituições sociais, econômicas, culturais e políticas, ou parte delas (Brasil, 2004).

Assim, a Convenção determina a quem ela se aplica, conceituando quem seriam povos tribais e povos indígenas. No item 2, a norma adiciona outra regra relativa à classificação de pessoa como de identidade indígena ou tribal: a autoidentificação. Esse item estabelece que a "consciência de sua identidade [...] deverá ser considerada como *critério fundamental* para determinar os grupos aos que se aplicam as disposições da presente Convenção" (Brasil, 2004, s/p., grifos nossos).

Parece-nos evidente que o critério da autoidentificação tem como objetivo ser um mecanismo de proteção àqueles que, por qualquer motivo, não querem que lhes sejam aplicadas as normas da Convenção 169, relativizando, assim, os conceitos do item 1, art. 1.º.

Há autores, como Antunes (2020, p. 1244) e Villares (2009, p. 33), que acreditam que o fato de a Convenção se referir à autoidentificação como "critério fundamental" tem como consequência o entendimento de que a autoidentificação não seja critério único para a classificação de pessoa como indígena. Esses autores entendem que, para se aplicarem as normas da Convenção, é preciso que a pessoa que se autoidentifica como indígena ou outro tipo de povo tradicional se encaixe também nas hipóteses das alíneas "a" ou "b" do item 1, art. 1.º, da Convenção, como ter condições sociais, culturais ou econômicas que os distingam de outros setores da coletividade e que estejam regidos total ou parcialmente por seus próprios costumes, tradições ou legislação especial, ou então sejam descendentes de povos que habitavam a região antes de conquista ou estabelecimento de fronteiras estatais que conservem pelo menos parte de suas próprias instituições sociais, econômicas, culturais e políticas.

Por outro lado, há autores, como Bezerra (2018, p. 96), que entendem que a Convenção estabeleceu a autodeclaração como critério único. O autor entende que a utilização de critérios biológicos ou linguísticos não encontra qualquer base científica ou empírica. Isso porque os critérios biológicos não consideram a amplitude da miscigenação entre diversas populações e os critérios linguísticos não levam em conta a dissociação existente entre etnia e língua (Bezerra, 2018, p. 96). O autor imputa essa "falha de raciocínio" à adoção de "fundamentos eminentemente estáticos" dos intérpretes do direito, que exigiriam de indígenas no século XXI que vivam da maneira que viviam no final do século XV (Bezerra, 2018, p. 96).

O autor faz alusão ao direito a um "pluralismo ontológico", que teria embasamento no fundamento constitucional de pluralismo político do Estado Democrático de Direito, previsto no art. 1.º, V, da Constituição, e, também, na vedação a qualquer forma de discriminação, disposta no art. 3.º, IV, da mesma Carta (Bezerra, 2018, p. 99).

Entendemos, contudo, que a fundamentação e a conclusão a que chega com relação à autoidentificação merecem aprimoramento. O autor, parece-nos, não parte do direito à diferença previsto no art. 231, e sim ignora o ônus argumentativo de ter de demonstrar falsos os entendimentos contrários e deixa de discutir como a técnica jurídica pode escapar ao simples subjetivismo ou tentativas de se usurpar a proteção jurídica cabível ao indígena.

Muito embora os ditames constitucionais do pluralismo político e da vedação à discriminação sejam relevantes para a delimitação dos direitos dos povos indígenas na Constituição, entendemos que eles não podem orientar os direitos dos índios secundando o núcleo de seus direitos, que está no art. 231 anteriormente referido.

Se há um "direito a pluralismo ontológico", ele é, antes, expressão do direito à diferença, o reconhecimento dos direitos dos índios à sua organização social, costumes, línguas, crenças e tradições. É a partir do art. 231 que devem ser entendidos os direitos dos índios na Constituição e no restante do ordenamento, e não a despeito dele, de modo a buscar fundamentação jurídica em combinações de outros dispositivos normativos.

Entendemos que a Constituição previu um direito à diferença, o qual deve servir de orientação interpretativa dos direitos dos índios. Com base no direito à diferença, os artigos do Estatuto do Índio que pretendam a verificação de estágio de integração[37] devem ser considerados, nessa parte, inconstitucionais, pois partem de pressuposto de que é inevitável aos índios a perda gradativa de sua diferença para com a sociedade não índia.

As normas que possuem tal pressuposto estão em contrariedade à ordem constitucional brasileira, que garantiu o direito à diferença integralmente, vale dizer, independentemente da passagem do tempo ou do entendimento majoritário da sociedade acerca do que é indígena.

Feitas essas considerações, podem-se aprofundar o sentido e o alcance do direito à diferença tendo em vista as demais regras e princípios que integram o direito brasileiro. A vedação à discriminação presente no art. 3.º, IV, da Constituição de 1988, como bem notou Bezerra (2018, p. 99), deve ser considerada quando interpretamos os direitos dos povos indígenas. Esse artigo, somado às outras normas constitucionais que protegem a diversidade cultural indígena, como os já mencionados § 2.º do art. 210 (proteção das línguas maternas e processos próprios de aprendizagem) e § 1.º do art. 215 da Constituição (dever de garantir o pleno exercício dos direitos culturais, fontes de cultura e proteção às manifestações culturais indígenas), têm efeito na interpretação que se deve ter do direito à diferença. Diante desses comandos constitucionais, é contrária à Constituição brasileira interpretação do direito à diferença que venha a discriminar, de qualquer maneira, os povos indígenas.

[37] Notadamente, os arts. 4.º e 56 do Estatuto do Índio.

Esse entendimento é corroborado também por outros dois documentos que têm repercussão para a interpretação dos direitos dos povos indígenas no Brasil: a Convenção Americana sobre Direitos Humanos (Pacto de São José da Costa Rica) e a Declaração das Nações Unidas sobre os Direitos dos Povos Indígenas de 2007.

O primeiro veda qualquer forma de discriminação (art. 1.º, item 1, bem como art. 24, *caput*), e está em vigor no Brasil desde 1992, conforme o Decreto 678/1992 da Presidência da República. Ele tem, atualmente, segundo o STF, *status* de norma supralegal, uma vez que foi incorporado ao direito antes da edição da Emenda Constitucional 45/2004.

O segundo documento, a Declaração das Nações Unidas sobre os Direitos dos Povos Indígenas de 2007, tem entre os seus princípios a autodeterminação e a não discriminação. Essa Declaração reconhece uma série de direitos, tais como: o direito aos povos e pessoas indígenas de não serem discriminados no exercício de seus direitos com fundamento em sua origem ou identidade indígena (art. 2); o direito à autodeterminação como autonomia e autogoverno nas questões relacionadas a assuntos internos e locais (art. 4); o direito de conservar e reforçar suas próprias instituições, mantendo ao mesmo tempo o direito de participar da vida política, econômica, social e cultural do Estado (art. 5); direito de não sofrer assimilação forçada ou destruição de sua cultura, tendo o Estado dever de estabelecer mecanismos eficazes para a prevenção de atos que privem indígenas de sua identidade étnica (art. 8); direito de pertencer a comunidade ou nação indígena sem discriminação (art. 9); direito de praticar e revitalizar suas tradições e costumes culturais (art. 11); direito de manter, controlar, proteger e desenvolver seu patrimônio cultural (art. 31).

Por fim, há que fazer referência aos arts. 33 e 34 da citada Declaração, os mais relevantes para a presente discussão. O primeiro dispositivo estabelece que os povos indígenas têm o direito de determinar sua própria identidade ou composição, conforme seus costumes e tradições. O segundo, por sua vez, dispõe que indígenas têm o direito de promover, desenvolver e *manter* suas instituições, seus costumes, espiritualidade, tradições, procedimentos, práticas e sistemas jurídicos.

Diante de tamanha fundamentação legal, portanto, fica evidente que não cabe qualquer interpretação jurídica que discrimine os povos indígenas, de modo a negar-lhes direitos.

Especificamente com relação à Declaração das Nações Unidas sobre os Direitos dos Povos Indígenas, o fato de o documento não ter passado por todos os trâmites necessários à incorporação no ordenamento jurídico brasileiro não impede que o documento seja utilizado como parâmetro auxiliar para interpretar os direitos dos povos indígenas e direcionar decisões judiciais para a melhor efetivação desses direitos.

Bem fundamentado como deve ser interpretado o direito à diferença, entendemos que a interpretação de que seria possível identificar juridicamente pessoas como indígenas por meio de "traços culturais" é uma forma patente de discriminação, que é vedada pelo direito. Inevitavelmente, quem assim proceder, deparar-se-á com critérios estáticos que vão de encontro à "natureza essencialmente dinâmica das culturas humanas" (Carneiro da Cunha, 2012, p. 103), que não encontra quaisquer limitações internas de mutabilidade no tempo e no espaço. Da mesma forma que a sociedade brasileira está sujeita a mudanças culturais, os povos indígenas também passam por modificações culturais ao longo do tempo, sem perderem, por isso, sua identidade étnica.

Se, por um lado, a mera identificação de traços culturais não é uma interpretação que deva ser adotada, a autoidentificação como critério único para a classificação jurídica de pessoa como indígena também não pode ser aceita sem maiores considerações. Cabe agora, por fim, enfrentar a problemática do subjetivismo ou autodeterminação como critério exclusivo para a caracterização jurídica de pessoa como indígena.

A autoidentificação como critério único de classificação jurídica de pessoa como indígena submete os direitos humanos dos povos indígenas a uma questão individual, de sentimento de pertencimento a uma minoria étnica. Muito embora este deva ser um critério fundamental, como bem aponta a Convenção 169 em seu art. 1.º, item 2, trata-se de um critério que, se tomado como único, pode desviar totalmente a finalidade de tratar de forma diferenciada povos indígenas, de modo a deixar de proteger a diferença desses povos.

Como se sabe, a regulação dos direitos de povos tradicionais é uma questão coletiva, que interessa a toda a sociedade brasileira, mas que tem impactos, sobretudo para esses povos tradicionais. Assim sendo, mais do que uma questão individual, a identificação de indígena diz respeito à forma como o Estado validará a própria reprodução social desses grupos. Por esse motivo, a identificação jurídica de pessoa como pertencente a esse tipo de minoria étnica deve ter como fator determinante o que o próprio grupo de pertencimento entende que qualifica alguém como um de seus membros. Afinal, ninguém é indígena sozinho, senão por meio de uma identificação à semelhança de um grupo específico de pessoas.

Portanto, consideramos que a solução possível e correta para a questão da identificação jurídica de pessoa como indígena deve ter como ponto de partida sua autoidentificação como indígena, indicando grupo e/ou etnia a que entende pertencer. Em seguida, deve haver, seja diretamente, seja indiretamente por laudo antropológico, uma investigação, podendo ser direta ou indireta, a fim de saber se a pessoa que se autoidentifica como pertencente é identificada de volta como pertencente àquele grupo ou etnia.

Essa proposta de solução é a que mais se adequa, a nosso ver, aos ditames da antropologia contemporânea (Carneiro Da Cunha, 2012, p. 103) e, ao mesmo tempo, guarda compatibilidade com as regras e finalidades estabelecidas pelo ordenamento jurídico brasileiro.

Não se desconhece a Resolução 287/2019 do Conselho Nacional de Justiça, a qual estabelece procedimentos de tratamento das pessoas indígenas acusadas, rés, condenadas ou privadas de liberdade e dá diretrizes para assegurar os direitos dessa população no âmbito criminal do Poder Judiciário. Contudo, além de a normativa estar fora da delimitação temporal que se pretende estudar nesta pesquisa, é possível observar que, não obstante represente um avanço, a Resolução não soluciona diversos problemas colocados pelo Estatuto do Índio e não alcança o critério ideal de autoidentificação somado à heteroidentificação intraétnica, único critério que pode afastar o subjetivismo e, ao mesmo tempo, dar o devido tratamento diferenciado aos povos indígenas.

3

DECISÕES SOBRE "ÍNDIO INTEGRADO" NO SUPERIOR TRIBUNAL DE JUSTIÇA

Como poderemos observar, a jurisprudência do STJ acerca do que seria a integração do indígena destoa fortemente de uma interpretação sistemática que considere as inovações no direito brasileiro as quais advieram da promulgação da Constituição Federal de 1988 e também de tratados internacionais sobre direitos humanos dos povos indígenas.

Neste capítulo, exploraremos as decisões encontradas em nossa pesquisa, descrevendo a metodologia adotada para a sistematização dos dados, bem como testaremos as hipóteses aventadas no capítulo metodológico, a saber: 1) se nas decisões judiciais os julgadores entendem e aplicam "integração" no sentido de "assimilação"; 2) se estes têm uma visão essencialista, isto é, estática, do que seja cultura; 3) se o uso que tem sido feito do conceito de "índio integrado" está em conformidade com o paradigma constitucional vigente.

3.1 Amostra geral do perfil dos processos encontrados

Em nossa pesquisa no sistema de consulta de jurisprudência do STJ, de acordo com os parâmetros explicitados anteriormente, foram encontrados 19 resultados. Todos eles documentos da categoria acórdão e nenhuma decisão monocrática, pois o sistema de pesquisa da instituição entendeu que o conjunto de palavras-chave da pesquisa "não se aplicava às decisões monocráticas". Assim, foram encontrados, no total, em 06.08.2018, seis *habeas corpus*, um recurso em *habeas corpus*, três agravos regimentais em *habeas corpus*, três agravos regimentais em recurso especial, cinco recursos especiais e uma reclamação.

Dos 19 resultados encontrados, apenas 16 foram objeto de análise. Descartamos três casos em razão de não versarem sobre a temática "índio integrado" ou por serem repetidos.

Dentre os que não puderam ser analisados, dois casos versavam sobre assuntos alheios ao objeto de pesquisa (Rcl 23264/PA e REsp 802412/PB). O caso Rcl 23264/PA trata de alegação de descumprimento de decisão proferida pelo STJ a respeito de demarcação de terras indígenas sem nenhuma discussão a respeito de integração de indígena ou temas correlatos. No mesmo sentido, o caso REsp 802412/PB também cuidou de procedimento de demarcação de terras indígenas sem discutir integração de indígena ou tema correlato.

Outro resultado que não pôde ser aproveitado ocorreu em virtude de uma duplicidade de decisões para um mesmo caso. Após a leitura das decisões, identificou-se que a duplicidade de decisões para o REsp 1129637/SC se deve ao fato de que houve ausência de intimação da Procuradoria-Geral Federal da Advocacia-Geral da União, quando proferida a primeira decisão, razão pela qual a decisão foi anulada e uma nova, de conteúdo praticamente idêntico, veio a substituí-la. A primeira decisão, a qual foi anulada, foi retirada de nossa análise porque não foi detectado nenhum elemento novo com relação à decisão que a sucedeu e, também, essa dualidade poderia influenciar negativamente as análises do *software* NVivo, conferindo um peso maior ao texto do caso em duplicidade.

Dentre os 16 casos encontrados que versavam sobre o tema e não foram disponibilizados em duplicidade, 14 foram desfavoráveis aos pleitos dos réus que reivindicavam para si a identidade étnica de "indígena não integrado".

Um dos casos que apresentou resultado favorável foi o HC 40.884/PR, em que se decidiu pela anulação de decisão que determinou a internação de menores indígenas sem a realização do exame antropológico e psicossocial, mas não se enfrentou a materialidade da questão relativa aos critérios para se identificarem os indígenas como integrados ou não. Nesse sentido, apenas garantiu-se o direito de ser realizada perícia para a aferição do grau de integração dos réus.

Outro caso classificado como favorável, RMS 30.675/AM, de forma totalmente atípica em relação aos demais casos encontrados, entendeu que o regime constitucional inaugurado em 1988 é incompatível com a aferição de grau de integração do índio e que a Convenção 169 da OIT estabeleceu que o critério do reconhecimento de um sujeito como indígena é exclusivamente a autoidentificação.

Dentre os 14 casos desfavoráveis, alguns argumentos utilizados para caracterizar o que seria um índio integrado são mais frequentes nos acórdãos. O mais recorrente deles é o domínio da língua portuguesa. Somam-se a esse critério outros três que cabe aqui destacar: a posse de documentos de identificação em geral, o não isolamento relacional ou espacial do indígena e a ausência de prova de que o indígena não tinha capacidade de compreender o ilícito de sua conduta ou que não se adaptaria à prisão. Os argumentos e expedientes retóricos empregados nas decisões judiciais serão mais aprofundados adiante.

A seguir, apresentamos na Figura 4 a tabela que criamos com o *software* Microsoft Excel, utilizada para organizar informações concernentes à identificação dos processos, turmas em que foram julgados, datas dos julgamentos e avaliação dos resultados de julgamento em cada processo, considerando-os como favoráveis ou não.

Na coluna "ID n.º", incluiu-se um número de identificador criado para facilitar a identificação dos casos e produzir tabelas mais resumidas a fim de facilitar a visualização dos dados; na coluna "Processo", inseriu-se o número de identificação correspondente ao processo no STJ; na coluna "Órgão Julgador", foi registrado qual o órgão (Turma ou Seção) decidiu aquele caso; na coluna "Data do Julgamento", colocou-se a data em que foram julgados os casos; na coluna "Resultado", inseriu-se a classificação do julgamento dos casos como "Favorável" ou "Desfavorável" a partir da leitura dos acórdãos.

Consideramos desfavoráveis os casos em que se decidiu pela classificação do réu como indígena integrado ou mantiveram decisão de instância inferior nesse sentido. Por outro lado, foram classificados como "Favorável", os casos em que se reconheceu a não integração do indígena ou foi dado provimento ao pedido dos réus.

Ainda na coluna "Resultado", inserimos a classificação "Outro assunto" e "Duplicidade", além de pintarmos os quadros em amarelo para indicar que foram descartados da análise por não serem relevantes ao tema da pesquisa ou se tratar de caso de duplicidade.

Figura 4 – Tabela Excel n.º 1

ID n.º	Processo	Órgão Julgador	Data do Julgamento	Resultado
1	REsp 1129637/SC Recurso Especial 2009/0119988-8	T6 – 6.ª Turma	25.02.2014	Desfavorável
2	HC 243794/MS *Habeas Corpus* 2012/0108607-8	T6 – 6.ª Turma	11.03.2014	Desfavorável
3	AgRg no REsp 1361948/PE Agravo Regimental no Recurso Especial 2013/0014632-7	T5 – 5.ª Turma	10.09.2013	Desfavorável
4	HC 40884/PR *Habeas Corpus* 2005/0000726-0	T5 – 5.ª Turma	07.04.2005	Favorável no sentido de determinar a perícia
5	HC 88853/MS *Habeas Corpus* 2007/0190452-1	T6 – 6.ª Turma	18.12.2007	Desfavorável

ID n.º	Processo	Órgão Julgador	Data do Julgamento	Resultado
6	REsp 737285/PB Recurso Especial 2005/0049318-1	T5 – 5.ª Turma	08.11.2005	Desfavorável
7	HC 293476/SP *Habeas Corpus* 2014/0098048-3	T5 – 5.ª Turma	18.02.2016	Desfavorável
8	HC 30113/MA *Habeas Corpus* 2003/0154495-0	T5 – 5.ª Turma	05.10.2004	Desfavorável
9	AgRg no REsp 1373007/BA Agravo Regimental no Recurso Especial 2013/0070125-0	T5 – 5.ª Turma	24.05.2016	Desfavorável
10	RMS 30675/AM Recurso Ordinário em Mandado de Segurança 2009/0200796-2	T5 – 5.ª Turma	22.11.2011	Favorável. Reconheceu indígena e anulou o processo penal desde a denúncia
11	AgInt no RHC 77269/SC Agravo Interno no Recurso Ordinário em *Habeas Corpus* 2016/0271940-7	T6 – 6.ª Turma	28.11.2017	Desfavorável
12	AgRg no RHC 79210/SC Agravo Regimental no Recurso Ordinário em *Habeas Corpus* 2016/0317271-5	T6 – 6.ª Turma	30.03.2017	Desfavorável

ID n.º	Processo	Órgão Julgador	Data do Julgamento	Resultado
13	REsp 555151/RS Recurso Especial 2003/0099682-6	T6 – 6.ª Turma	18.11.2004	Desfavorável
14	AgInt no REsp 1452195/SC Agravo Interno no Recurso Especial 2014/0099319-4	T2 – 2.ª Turma	16.08.2016	Desfavorável
15	HC 263987/MS *Habeas Corpus* 2013/0021831-6	T6 – 6.ª Turma	25.11.2014	Desfavorável
16	AgRg no RHC 64041/RS Agravo Regimental no Recurso Ordinário em *Habeas Corpus* 2015/0236521-1	T6 – 6.ª Turma	15.12.2015	Desfavorável
17	Rcl 23264/PA Reclamação 2015/0024810-1	S1 – 1.ª Seção	13.04.2016	Outro assunto
18	REsp 1129637/SC Recurso Especial 2009/0119988-8	T6 – 6.ª Turma	15.08.2013	Duplicidade
19	REsp 802412/PB Recurso Especial 2005/0200497-5	T1 – 1.ª Turma	07.11.2006	Outro assunto

Fonte: elaborada pelo autor

3.2 Análise da linguagem empregada nas decisões judiciais

Realizamos o *download* das decisões supralistadas em formato de arquivo PDF, excluindo aquelas descartadas por motivo de duplicidade ou assunto diverso daquele objeto desta pesquisa. Em seguida, carregamos os arquivos no *software* de análise qualitativa NVivo. Após, procedemos a um levantamento do léxico empregado pelos Ministros-magistrados nas decisões judiciais.

A fim de refinar os resultados encontrados e delimitar nossa análise ao tema da "integração" nos acórdãos encontrados, realizamos um procedimento de filtrar e/ou agrupar palavras-chave.

Buscamos evitar em nossa análise palavras sem significado pleno, por exemplo, "palavras funcionais de ligação: artigos, preposições, pronomes, advérbios, conjunções etc." (Bardin, 2016, p. 82). Assim, foram desconsideradas previamente da análise lexical palavras formadas por menos do que três letras.

Além disso, foi feito o agrupamento de palavras de correspondência exata, derivadas e sinônimos. Com o auxílio do *software* NVivo, reuniram-se palavras de igual valor semântico ou de mesmo radical, por exemplo, "lei", que associa os termos "direito, direitos, lei", e "penal", que agrega as palavras "pena, pena', penais, penal, penalidade, penas, peni, punição, sanção".

O *software* permite também o agrupamento entre palavras que guardem relação de generalização e especialização entre si, mas verificou-se que tamanha amplitude não seria útil para a análise qualitativa dos dados, tendo em vista que ofereceria resultados demasiadamente amplos para o nível de análise que se pretende. Por exemplo, em uma simulação com esses mesmos documentos, a palavra grupo reuniu como palavras similares as seguintes: acampamento, acervo, acusação, armada, assistência, associação, audiência, bando, cabeça, categoria, civilização, classe, coisa, coletiva, coletividade, coletivo, comunidade, conjunto, conteúdo, solução, soma, total, tráfico, trânsito, tribo, turma, união, unidade, vara.

O que se busca com essas operações de filtragem é privilegiar o léxico considerado de "palavras plenas": "palavras 'portadoras de sentido': substantivos, adjetivos, verbos [...]" (Bardin, 2016, p. 82), e, assim, ser mais fácil a identificação de vocábulos e temas importantes nos documentos analisados.

A partir desse objetivo e da filtragem descrita, geramos no *software* NVivo a tabela a seguir, apresentada na Figura 5, com colunas indicando a palavra central agregadora e as palavras similares agregadas, a extensão da palavra e a contagem de vezes em que apareceram. Os 25 grupos de palavras mais encontradas e o número de vezes em que apareceram foram os seguintes:

Figura 5 – Listagem de frequência de palavras de decisões judiciais

N.º de ID	Palavra	Extensão	Contagem	Palavras similares
1	não	3	598	não
2	penal	5	572	pena, pena', penais, penal, penalidade, penas, peni, punição, sanção
3	art	3	366	art
4	lei	3	303	direito, direitos, lei
5	ministro	8	302	ministra, ministro, ministros
6	stj	3	300	stj
7	para	4	278	cópia, cópias, duplo, igual, igualmente, par, para
8	índio	5	230	índio,'índio
9	recurso	7	221	recursais, recurso, recursos

N.º de ID	Palavra	Extensão	Contagem	Palavras similares
10	processo	8	242	forma, formado, formando, formas, maneira, maneiras, modo, modos, procede, proceder, procedimento, processado, processados, processamento, processar, processo, processo', processos
11	regime	6	227	autor, autoridade, autoridades, governo, regime
12	aplicação	9	202	aplicabilidade, aplicação, aplicável, execução, realização, realizada, realizadas, realizado, realizados, realizou
13	paciente	8	202	paciente, pacientes
14	revista	7	192	revista
15	indígena	8	186	indígena, nativa
16	estado	6	213	condição, estado, etapa, fase, fases, grau, nível, país, patamar, ponta, ponto, pontos
17	tribunal	8	183	tribunal
18	relator	7	173	relator, relatora, relatoria
19	ser	3	171	ser, será, serem, seria, seriam
20	especial	8	170	especial, especialmente

N.º de ID	Palavra	Extensão	Contagem	Palavras similares
21	provas	6	167	evidência,'evidência, evidências, evidente, evidentemente, exame, prova, provado, provar, provas, prover, provida, provido
22	turma	5	169	grupo, grupos, pes-soal, quadrilha, turma, turmas
23	sociedade	9	156	corporais, sociedade
24	federal	7	152	federal
25	código	6	147	código, combinado

Fonte: elaborada pelo autor

Esses conjuntos de palavras são, para nós, primeiros indicativos do léxico empregado e dos temas presentes nas decisões. Verifica-se grande quantidade de negativas representadas pela palavra "não", o que é indicativo da disposição desfavorável que tiveram os julgadores nas decisões em relação às pretensões dos jurisdicionados que reivindicaram ou discutiram o tema da "integração" do indígena, algo que está presente nos julgados em razão da seleção prévia de palavras-chave e da eliminação dos casos que não trataram do tema como detalhado anteriormente.

Há, também, grande frequência de palavras que se referem ao próprio mundo jurídico, como é o caso de "penal", "art", "lei", "ministro", "stj", "recurso", "processo", "tribunal", "relator", "provas", "turma", "federal", "código". Isso demonstra um grande nível de referência dos tribunais a si próprios, ao léxico, *ethos* e visão de mundo de profissionais do direito, algo que é esperado quando se analisa decisões judiciais.

Também estão presentes referências aos sujeitos que estão discutindo sua condição jurídica de indígenas, como podemos observar nos grupos de palavras "índio" e "paciente". Se buscarmos os trechos em que a palavra "índio" é empregada nas decisões judiciais, constatamos que ela tem um emprego frequente em razão de referência ao Estatuto do Índio, como é possível verificar em diversos documentos, exemplificados em trechos como os que seguem.

No AgRg no Recurso em *Habeas Corpus* 64.041/RS:

> Referência 4 – 0,01% Cobertura
> envolvidos. Suscita o Estatuto do Índio (Lei n.º 6.001/1973)
> Referência 10 – 0,01% Cobertura
> semiliberdade previsto no Estatuto do Índio, o qual é inaplicável, inclusive [...].

No *Habeas Corpus* 263.987/MS:

> Referência 2 – 0,01% Cobertura
> 6.001/1973 (Estatuto do Índio) é limitada aos indígenas em
> Referência 3 – 0,01% Cobertura
> c) que o Estatuto do Índio permite a prisão do índio [...].

Há, por fim, palavras que, em princípio, parecem não ter sentido de participarem na lista de mais frequentes nos acórdãos examinados. É o caso de "para", que, de forma geral, não mostra nenhuma relevância. Contudo, ao observarmos atentamente sua utilização nas decisões, entendemos que a palavra é usada como preposição que indica orientação, sentido ou finalidade, como podemos verificar nas ocorrências a seguir:

No Recurso Especial 1.129.637/SC:

> Referência 1 – 0,01% Cobertura
> 2007, transcorreram os lapsos suficientes para a sua consumação, que eram
> Referência 2 – 0,01% Cobertura

> antropológico ou sociológico. Além disso, para rever a conclusão do acórdão [...].

No Recurso em Mandado de Segurança 30.675/AM

> Referência 17 – 0,01% Cobertura
>
> ação penal quanto, e sobretudo, para a eventual aplicação de penalidade
>
> Referência 18 – 0,01% Cobertura
>
> jurisdição civil que não detém para resolver questão que está fora [...].

No Habeas Corpus 30.113/MA:

> Referência 2 – 0,01% Cobertura
> certo grau de escolaridade, habilidade para conduzir motocicleta e desenvoltura para
> Referência 3 – 0,01% Cobertura
> para conduzir motocicleta e desenvoltura para a prática criminosa, como a [...].

Temos, portanto, que a alta frequência dessa palavra não é algo estranho aos documentos examinados e, possivelmente, deve se repetir em outras análises de decisões judiciais, talvez pelo fato de que "para" é empregada, por diversas vezes, a fim de ajudar a exprimir a ideia de subsunção[38].

Para melhor visualização do repertório lexical e dos temas nos documentos examinados, apresentamos a seguir, na Figura 6, uma nuvem de palavras com os 50 significantes mais frequentes gerados com o auxílio do *software* NVivo:

[38] Não sendo esse tema de grande relevância para este trabalho, furtamo-nos de maiores aprofundamentos. O tema deve ser mais bem estudado em pesquisas futuras.

Figura 6 – Nuvem de palavras de decisões judiciais

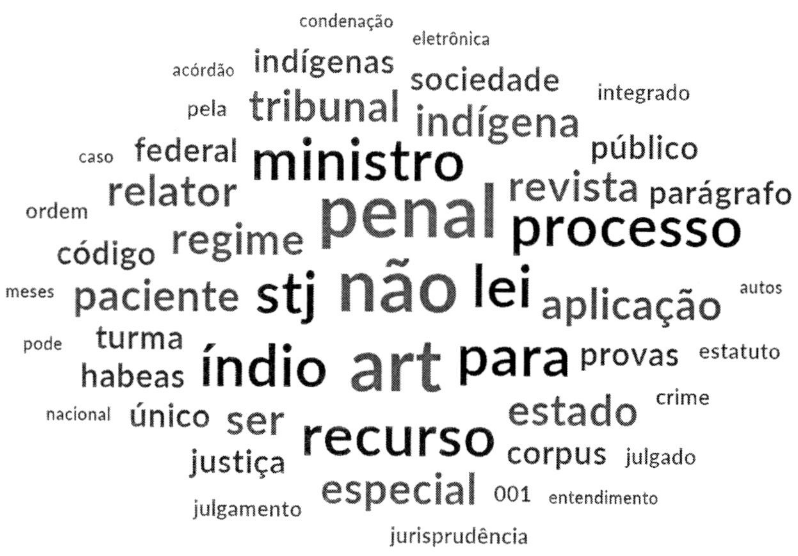

Fonte: elaborada pelo autor

Por fim, por meio de tal *software*, realizamos mais uma exploração da linguagem dos acórdãos estudados. A partir de uma palavra selecionada, identificamos as expressões mais frequentemente utilizadas anterior e posteriormente a ela. Esse expediente, chamado "árvore de palavras", permite-nos identificar relações entre termos, bem como o léxico empregado no entorno da palavra selecionada e, consequentemente, intuir que temas estão relacionados a ela.

Em nosso caso, o termo escolhido para exame foi "integrado". As palavras adjacentes foram limitadas a um máximo de três, sendo possível que esse alcance vá de uma a cinco palavras adjacentes. Foi escolhido o alcance três em razão do fato de que, se adotado um parâmetro mais restritivo, haveria menos contexto para identificarmos temas e relações. Por outro lado, um alcance maior dificulta muito a visualização em termos práticos e pouco ou nada acrescenta no entendimento da relação entre "integrado" e o restante do léxico no *corpus* analisado. O resultado dessa "árvore de palavras" é o seguinte, conforme Figura 7:

Figura 7 – **Árvore** de palavras a partir de "integrado"

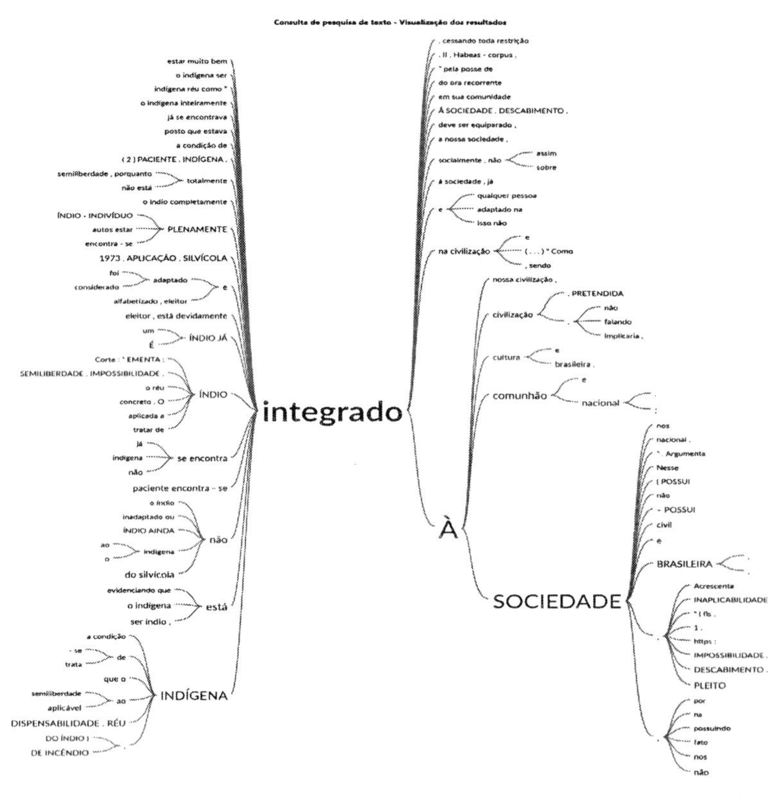

Fonte: elaborada pelo autor

Primeiro, analisemos o que antecede, em geral, nas decisões judiciais estudadas, a palavra "integrado". Se observarmos apenas a palavra principal e suas expressões antecedentes, teremos, por exemplo, "estar muito bem integrado"; "o indígena ser integrado"; "indígena réu como integrado"; "porquanto totalmente integrado"; "não está totalmente integrado"; "o índio completamente integrado"; Índio – indivíduo plenamente integrado"; "1976. Aplicação. Silvícola integrado"; "foi adaptado e integrado"; "considerado adaptado e integrado"; "alfabetizado, eleitor e integrado"; "eleitor, está devidamente integrado"; "um índio já integrado"; "inadaptado ou não integrado"; "evidenciando que está integrado".

O vocábulo "integrado" é utilizado, na maioria das vezes, como um adjetivo nas decisões judiciais sob análise. Sua função principal, portanto, é qualificar substantivos nesses textos. Consideramos desnecessário reescrever todas as expressões que aparecem na Figura 7, que é perceptível o fato de "integrado" ser empregado como uma qualificação a indígena.

Ainda na análise das palavras antecedentes, é possível identificar que são utilizadas muitas palavras e expressões que remetem à ideia de condição ou *status*, como podemos constatar em "ser", "condição de", "se encontra" e "está". Frequentemente, aparecem expressões que se referem ao quão integrado é o indígena, como se denota do uso de palavras como "completamente", "bem", "plenamente", "devidamente", "inteiramente" e "totalmente". É significativo notar que essas expressões sempre estão indicando a ideia de integralidade, suficiência ou plenitude dessa condição de integração, nunca sendo evocadas expressões que possam expressar incerteza, parcialidade ou incompletude.

Analisemos, agora, o que está inserido após a palavra "integrado" em nossa "árvore de palavras". Há expressões como "cessando toda restrição"; "pela posse de"; "em sua comunidade"; "à sociedade. Descabimento"; "deve ser equiparado"; "a nossa sociedade"; "socialmente, não assim"; "socialmente, não sobre"; "e isso não"; "na civilização e"; "à nossa civilização"; "à civilização. Pretendida"; "à cultura brasileira"; "à comunhão nacional"; "à sociedade nacional"; "à sociedade civil" e "à sociedade brasileira".

Nota-se que o "indígena integrado", sujeito que essas expressões predicam, é frequentemente mencionado como integrado à sociedade, à cultura, à comunhão e à civilização. Essa ideia de integração a outro grupo humano, que é mais bem representada pela palavra "sociedade", é algumas vezes qualificada como "nossa", referindo-se, portanto, aos próprios julgadores. Há também a qualificação "brasileira", denotando que há uma cultura ou sociedade que não é a brasileira, que sabemos ser a indígena pela simples leitura dos documentos. Por fim, há também a qualificação "nacional" ou "civil", indicando uma nação ou organização de pessoas civis que não são as indígenas. É o que podemos observar na leitura das decisões e nas expressões presentes na Figura 7 como "nossa civilização"; "nossa sociedade"; "cultura brasileira"; "comunhão nacional"; "sociedade brasileira"; "sociedade civil" e sociedade nacional".

Em oposição à ideia de uma sociedade que não é aquela dos julgadores, que é um todo não indígena, há a expressão "em sua comunidade". É provável que o uso de "comunidade" não é um acaso. Dado o contexto em que é utilizado, é provável que o substantivo "comunidade" queira indicar um agrupamento menos complexo, contrapondo-se à ideia de sociedade como agrupamento humano maior, mais desenvolvido e complexo.

3.3 Análise da fundamentação

Neste tópico, produzimos uma análise dos expedientes retóricos, argumentos e critérios utilizados pelos Ministros para distinguir indígenas entre integrados ou não, bem como dar uma resposta aos casos aos quais são provocados a decidir. Inicialmente, trataremos apenas dos casos classificados anteriormente como desfavoráveis.

Após a leitura e análise exploratória das decisões judiciais sob exame, realizamos o procedimento de catalogar em planilha Excel e no programa NVivo os argumentos das decisões judiciais para decidir sobre a condição de integração do indígena.

No decorrer dessa catalogação, observamos que nem sempre são empregados nas decisões judiciais argumentos propriamente ditos e, muitas vezes, estes se entrecruzam com expedientes retóricos e formas de decidir que evitam a discussão do mérito das questões suscitadas. Exemplo de forma de decidir que evita a discussão do mérito nas decisões judiciais é o argumento de que as questões suscitadas são matérias de fato e/ou de prova, algo que não deve ser apreciado pelo STJ em sede de recurso especial

(Súmula 7 do STJ). Por esses motivos, adotamos "argumento" como um conceito amplo que abrange qualquer evidência, prova, inferência ou justificativa para o resultado decisório.

Inicialmente, selecionamos apenas os casos considerados desfavoráveis e organizamos os dados coletados na análise da argumentação em uma planilha Microsoft Excel. Na leitura dos acórdãos, catalogamos e agrupamos os argumentos em categorias amplas e, também, reunimos trechos das decisões que justificam a categorização adotada.

Dispostos em colunas da planilha, esses dados nos permitem compreender qual a variedade de argumentos que são apresentados no total dos casos desfavoráveis, que argumentos foram apresentados em cada decisão e, também, quais trechos ou pontos da fundamentação justificam a classificação adotada. Assim, por exemplo, o trecho do REsp 1129637/SC (n.º ID 1) – "[...] os recorrentes tinham boa compreensão da sociedade não indígena, inclusive sabendo ler e escrever e possuindo identificação civil" – ensejou a atribuição de três tipos ou categorias de argumentos: 1) boa compreensão das regras da sociedade não indígena; 2) domínio da língua portuguesa; 3) identificação civil. Em outro caso, no AgRg no REsp 1361948/PE (n.º ID 3), por exemplo, o trecho "[...] o acusando sabe ler e escrever (fls. 23-25), morou em Olinda e em Recife por oito anos, foi funcionário do Bandepe (fl. 35), possui articulação com autoridades e instituições públicas e responde a outras ações penais [...]" levou à classificação da argumentação nas categorias: 1) domínio da língua portuguesa; 2) mora em área urbana; 3) tem trabalho; 4) relação com autoridades e instituições públicas; e 5) responde a outras ações penais.

Chamaram atenção argumentos como a capacidade do réu indígena de se defender em interrogatório; o réu não ter se autoidentificado como indígena em interrogatório; não terem sido apresentadas provas de que os acusados tinham capacidade de entender a ilicitude da conduta praticada; o fato de membros da "tribo" de que o réu alega fazer parte participem da vida social e política da região onde estão situados; o fato de a etnia do indígena não viver isolada socialmente; costume do indígena de se hospedar em hotel; e a presença de tatuagens no corpo do acusado.

Esses e outros argumentos foram organizados na planilha da Figura 8 a seguir:

Figura 8 – Tabela Excel n.º 2

ID n.º	Argumentos da fundamentação	Fundamentação
1	I) Domínio da língua portuguesa II) Boa compreensão das regras da sociedade não indígena III) Identificação civil	"Outro ponto que merece destaque é o fato de a maioria dos denunciados saber ler e escrever, tendo o completo domínio da língua e da cultura nacionais [...]." "Além disso, quase todos têm documento de identidade civil." "Como se vê, o Tribunal de origem, fundamentado em elementos probatórios constantes dos autos, concluiu que os recorrentes tinham boa compreensão das regras da sociedade não indígena, inclusive sabendo ler e escrever e possuindo identificação civil." "possuem plena consciência da ilicitude [...]." "[...] têm boa compreensão das regras estabelecidas na sociedade não indígena."
2	I) Título de eleitor II) Domínio da língua portuguesa	"*In casu*, portanto, não é possível o cumprimento da pena em regime especial de semiliberdade (art. 56, parágrafo único), uma vez que o Tribunal de origem afirmou que o paciente possui título de eleitor e domínio da língua portuguesa, evidenciando que está integrado à sociedade."

ID n.º	Argumentos da fundamentação	Fundamentação
3	I) Domínio da língua portuguesa II) Mora em área urbana III) Tem trabalho IV) Relação com autoridades e instituições públicas V) Responde a outras ações penais	"Logo, não merece reparos o acórdão regional que assim assinalou sobre o grau de integração do agravante, de origem indígena, à cultura nacional: 'do exame dos autos observa-se que o acusado sabe ler e escrever (fls. 23-25), morou em Olinda e em Recife por oito anos, foi funcionário do Bandepe (fl. 35), possui articulação com autoridades e instituições públicas e responde a outras ações penais [...]. Cuidando-se de indígena integrado à civilização, não há que se falar na referida atenuação'(fl. 816)."
5	I) Título de eleitor	"Tanto é verdade que está no pleno exercício de seus direitos civis, possuindo, inclusive, título de eleitor, ainda que, em tese, possa conservar usos costumes e tradições de sua cultura originária, logo, o regime jurídico especial estabelecido pelo Estatuto do Índio não se lhe aplica, estando sujeito, em conseqüência, às leis brasileiras aplicadas aos demais cidadãos aqui nascidos."
6	I) Capacidade de se defender em interrogatório II) Mora em área urbana	"Cabe, ainda, reproduzir excertos do aresto hostilizado ao afastar o tratamento distinto ao indígenas, *in verbis*:'A alegada inimputabilidade penal dos apelantes, tendo em vista suas qualidades de índio, não prospera, posto que, conforme noticia o sentenciante, trata-se de silvícola plenamente inserido nos costumes da civilização. A respeito, colhe-se dos autos:'Interroguei os réus e na oportunidade ambos se posicionaram como pessoas claramente integradas à sociedade, com perfeito tirocínio para se defenderem e até indicam como endereços a cidade de Rio Tinto'(fls. 120)."

<table>
<tr><th>ID n.º</th><th>Argumentos da fundamentação</th><th>Fundamentação</th></tr>
<tr><td rowspan="4">6</td><td>II) Mora em área urbana</td><td>"'Como sabemos é público e notório que os acusados, como os demais residentes das comunidades indígenas desta Comarca, que se dizem índios, são pessoas totalmente integradas à comunhão nacional."
"O aresto vergastado é claro ao demonstrar que os Réus estavam totalmente inseridos na comunidade local, sendo que até indicaram como domicílio endereço no município, e não na Aldeia Indígena Sítio Arrepio."</td></tr>
<tr><td>III) Em interrogatório não afirmaram ser indígenas</td><td rowspan="3">"'Como sabemos é público e notório que os acusados, como os demais residentes das comunidades indígenas desta Comarca, que se dizem índios, são pessoas totalmente integradas à comunhão nacional, diferentemente do que foi alegado, mesmo porque quando de suas qualificações, na esfera policial como em juízo, os denunciados, em nenhum momento afirmaram ser indígenas'(fl. 116)
Do exposto, extrai-se que os índios da tribo a que o apelante pertence apresentam-se integrados à sociedade, participando da vida social e política da região, demonstrando seu grau de aculturamento.
Ademais, não existe nos autos nenhum elemento que permita concluir que os apelantes não eram aptos a entender a ilicitude da conduta que praticou, ou que possuía a capacidade de entendimento reduzida."</td></tr>
<tr><td>IV) Membros de sua tribo participam da vida social e política da região</td></tr>
<tr><td>V) Não há provas de que não havia capacidade de entender a ilicitude da conduta ou capacidade reduzida</td></tr>
</table>

ID n.º	Argumentos da fundamentação	Fundamentação
6	VI) Questão de fato e prova (Súmula 7/STJ)	"Não se vislumbra, assim, a ocorrência de violação aos arts. 4.º, 7.º, 9.º e 10 do Estatuto do Índio, nem ao art. 1.º da Lei n.º 5.371/67, porquanto os Réus, ainda que considerados índios, estão aculturados e integrados à comunidade, sendo incompatível o recebimento de benefício destinado aos indígenas isolados ou em via de integração. Ademais, afastar tal entendimento ensejaria uma aprofundada inserção na seara fático-probatória dos autos, com o reexame das provas colacionadas nos autos da ação criminal, o que é vedado, nesta via especial, a teor do que estabelece a Súmula n.º 07 do STJ."
7	I) Identificação civil II) Domínio da língua portuguesa III) Tem diversas tatuagens; IV) Tem trabalho V) Mora em área urbana; VI) Costuma-se hospedar em hotel	"Como alertou o Ministério Público do Estado de São Paulo,'não há nenhuma evidência de que o réu seja indígena (e que vá poder se beneficiar dos dispositivos do estatuto do índio) a não ser a declaração feita por ele mesmo às fls. 65. Ele tem documentos pessoais, fala português, ostenta tatuagens diversas, alega ser vendedor ambulante e mora em São Paulo, e não em alguma tribo. Costumava inclusive se hospedar no hotel onde os fatos criminosos ocorreram'(e-STJ fl. 101)."
8	I) Domínio da língua portuguesa	"Igualmente insubsistente a tese de inimputabilidade do réu, sustentada pela defesa (fls. 164/166), pois, de acordo com a identificação promovida pela autoridade policial (fls. 64/68) e com as declarações prestadas pelo próprio acusado – em juízo e na fase do inquérito policial –, constato que se trata de pessoa que, embora identificada como índio (Lei 6.001/73, art. 3.º, I), encontra-se incorporada à comunhão nacional e com fluência na língua portuguesa."

<table>
<tr><th>ID n.º</th><th>Argumentos da fundamentação</th><th>Fundamentação</th></tr>
<tr><td rowspan="5">8</td><td></td><td rowspan="5">“No mesmo sentido, o parecer do Ministério Público Federal, nos autos da impetração originária, demonstra estar, o acusado, definitivamente incorporado à sociedade:
‘A autoridade coatara, em suas informações, afastou a tese de nulidade, sob o argumento de que o paciente, embora identificado como índio, encontrava-se definitivamente incorporado à comunhão nacional’.
Informou a autoridade coatora que:‘Além de contar com certo grau de escolaridade e fluência em língua portuguesa, a prova da instrução apontava como alguém que se mantinha à frente da quadrilha pela
imposição de clima de terror aos demais membros e à própria aldeia onde morava’[...].”
“‘Igualmente relevante o fato de que as investigações realizadas o apontavam como alguém que participava de todas as reuniões realizadas pelos traficantes na casa do chefe do bando, seu pai e utilizava para seus deslocamentos na aldeia de uma moto roubada’.”
“Desta forma, se os elementos dos autos são suficientes para afastar quaisquer dúvidas a respeito da inimputabilidade do paciente, tais como a fluência na língua portuguesa, certo grau de escolaridade, habilidade para conduzir motocicleta e desenvoltura para a prática criminosa,
como a participação em reuniões de traficantes, não há que se falar em cerceamento de defesa decorrente da falta de laudo antropológico.”</td></tr>
<tr><td>II) Grau de escolaridade</td></tr>
<tr><td>III) Habilidade para conduzir motocicleta</td></tr>
<tr><td>IV) Desenvoltura para a prática criminosa</td></tr>
<tr><td>V) se reúne com traficantes</td></tr>
</table>

ID n.º	Argumentos da fundamentação	Fundamentação
8	VI) Crime hediondo	"De outro lado, estA Corte já decidiu no sentido da inaplicabilidade do r. artigo aos indígenas integrados, e até mesmo aos índios isolados e em vias de integração, quando se tratar de crimes hediondos e equiparados, que é a hipótese dos autos, pois o paciente foi condenado pela prática de tráfico ilícito de entorpecentes [...]"
9	I) Identificação civil II) Carteira profissional III) Título de eleitor IV) Domínio da língua portuguesa V) Possui veículo automotor VI) Dirige VII) Participa de jogos de futebol na comunidade	"No presente caso, a Corte de origem concluiu que,'pelas provas coligidas nos autos, verifica-se que o apelante, embora de origem indígena, encontra-se plenamente integrado à sociedade, já que possui documentação civil, carteira profissional, possui título de eleitor (fls. 142 e 173) o que o torna cidadão nacional, fala a língua portuguesa, possui veículo automotor, inclusive dirigindo, na forma dos depoimentos testemunhais, bem como participa de jogos de futebol na comunidade' (e-STJ fls. 331), o que afasta a atenuação da reprimenda prevista no artigo 56, parágrafo único, da Lei n.º 6.001/1976 (Estatuto do Índio)."
11	I) Faculdade do magistrado em conceder a benesse	"No que diz respeito ao regime prisional pleiteado, trago à colação os fundamentos do acórdão impugnado (e-STJ fls 42/45): [...] o que se observa, porquanto o interlocutório calcou-se nos seguintes fatos e fundamentos: Do dispositivo legal, então, retiram-se duas observações: a) a condição de indígena do beneficiado; e b) a faculdade ao magistrado para conceder a benesse."

ID n.º	Argumentos da fundamentação	Fundamentação
11	II) Não provou a condição de não adaptação à prisão	"É bem verdade que o primeiro deles – condição de indígena – decorre, de modo implícito (vide art. 13 da Lei n. 6.001/73), da ação penal. Todavia, aquele remanescente - não adaptação, ora imprescindível, não é comprovado pelo requerente."
	III) Não provou a sua parca interação com a sociedade hegemônica	"Na espécie, através da análise perfunctória que a situação enseja, não se vislumbra a existência de qualquer elemento de convicção que permita auferir a parca interação do indígena com a sociedade hegemônica e, por conseguinte, concluir pelo cabimento da almejada semiliberdade."
12	I) Faculdade do magistrado em conceder a benesse	"Do dispositivo legal, então, retiram-se duas observações: a) a condição de indígena do beneficiado; e b) a faculdade ao magistrado para conceder a benesse. Não obstante, a jurisprudência pátria, indo além, exige, de modo pacífico, um terceiro requisito, que é a (c) condição de não adaptação do condenado."
	II) Não provou a condição de não adaptação à prisão	"É bem verdade que o primeiro deles – condição de indígena – decorre, de modo implícito (vide art. 13 da Lei n. 6.001/73), da ação penal. Todavia, aquele remanescente – não adaptação, ora imprescindível, não é comprovado pelo requerente." "No caso, todavia, não é possível o cumprimento da pena em regime especial de semiliberdade (art. 56, parágrafo único), uma vez que as instâncias de origem sufragaram o entendimento de que o paciente, silvícola, não foi considerado inadaptado ou não integrado à sociedade não indígena, quando da análise da dosimetria da pena."

ID n.º	Argumentos da fundamentação	Fundamentação
13	I) Questão de fato e prova (Súmula 7/STJ)	"Como se vê, inverter-se a conclusão a que chegou a Corte local, reconhecendo-se tratar de um índio já integrado à civilização, implicaria, necessariamente, no revolvimento do conjunto fático-probatório, consequencializando-se a necessária reapreciação da prova, o que é vedado pela letra do enunciado n.º 7 da Súmula deste Superior Tribunal de Justiça [...]."
	II) Crime hediondo	"Note-se, ademais, que ao silvícola, cujo cumprimento de pena se dá em regime especial de semiliberdade, no local de funcionamento do órgão federal de assistência aos índios mais próximos da habitação do condenado (§ único do art. 56), não se aplica o regime fechado preconizado na lei dos crimes hediondos." "É que esta Corte Federal Superior registra já entendimento no sentido de que, por força mesmo do disposto no parágrafo 1.º do artigo 2.º da Lei n.º 8.072/90, não se aplica o regime de semiliberdade estatuído pela Lei n.º 6.001/73 ao indígena condenado por delito hediondo ou equiparado."
14	Questão de fato e prova (Súmula 7/STJ)	"É inadmissível em grau de Recurso Especial avaliar se a área reclamada no presente feito integra, ou não, o perímetro do imóvel referido na Portaria 1.128/2003; se é de ocupação imemorial dos indígenas ou ainda se está registrada na literatura histórica da região; e se os índios que desmataram a reserva biológica estão ou não integrados à comunidade, porquanto tal exame implicaria revolvimento do contexto fático-probatório, o que não se admite ante o óbice da Súmula 7/STJ."

ID n.º	Argumentos da fundamentação	Fundamentação
15	I) Faculdade do magistrado	"Para o Tribunal estadual, havendo na lei específica, Estatuto do índio, uma alternatividade quanto ao regime de cumprimento de pena, com a expressão 'se possível', fica na discricionariedade do magistrado atender ou não àquela norma. Segundo o acórdão do HC n. 2008.006293-2 (o único a tratar da matéria), isto quer dizer que, se o magistrado, com a discricionariedade regrada que lhe é concedida pela lei, julgando que a pena não é possível ser cumprida daquela forma indicada na norma referida, por exemplo, porque seria inócua, pode decidir de maneira contrária, sem que esteja infringindo aquele dispositivo legal (fl. 70)."
	II) Questão de fato e prova	"Quer dizer, ao lado de o feito estar mal instruído, há a circunstância de que, para se asseverar, aqui e agora, a aplicabilidade da Lei n. 6.001/1973 ao caso, necessário seria, uma vez mais, adentrar no contexto fático-probatório da ação penal, procedimento que não se coaduna com a via eleita."
16	I) Sua etnia não vive isolada	"Com efeito, tendo constatado o magistrado de 1o grau, ao menos até o momento, que os acusados – indígenas pertencentes à etnia Kaingang – não vivem isolados e se relacionam diariamente com a sociedade civil, bem como não haver evidências de que não possuam o entendimento do caráter ilícito de suas condutas, não verifico constrangimento ilegal no indeferimento da perícia por ora."
	II) Não há provas de que não tem capacidade entender o caráter ilícito da conduta	

ID n.º	Argumentos da fundamentação	Fundamentação
16	III) Questão de fato e prova	No voto, cita essa jurisprudência:"6. Hipótese em que não houve nulidade pela falta de realização do exame pericial antropológico ou sociológico. Além disso, para rever a conclusão do acórdão recorrido, seria necessária a revisão de provas, providência descabida em recurso especial, por força da Súmula 7/STJ. [...] (REsp 1129637/SC, Rel. Ministro Sebastião Reis Júnior, Sexta Turma, julgado em 25.02.2014, *DJe* 10.03.2014)." Na ementa:"2 – Resta prejudicado o pleito de inépcia com a superveniência da pronúncia, porquanto perde sentido a análise de sua higidez formal se já confirmada após toda a instrução perante o juiz togado. Entender de modo contrário importa em infringir, em *ultima ratio*, o acervo fático-probatório erigido sob o crivo do contraditório, o que não é possível na via eleita. Como cediço, a pronúncia, embora não decida o mérito da persecução, contém juízo de confirmação da pretensão punitiva, com muito maior gravidade do que meros indícios de autoria e materialidade exigidos na denúncia."

Fonte: elaborada pelo autor

Após esse primeiro levantamento e categorização dos argumentos encontrados nas decisões judiciais, fizemos uma segunda planilha a fim de contabilizar a frequência com que cada argumento é mobilizado. Para melhor agrupar e contabilizar os argumentos, foram criadas algumas categorias mais amplas, dispostas em linhas capazes de englobar os argumentos mais comumente utilizados pelos Ministros. Nas colunas, foram elencados os casos desfavoráveis e marcados com "Sim" aqueles em que se verificou a presença de cada categoria de argumento.

Sob a cor laranja, temos as categorias de argumentos mais frequentemente utilizados nas decisões, contendo aqueles que apareceram de seis a quatro vezes nos documentos analisados. Em amarelo, estão as categorias de argumentos presentes em pelo menos dois e até três casos. Por fim, há as categorias que apareceram uma única vez, sem destaque de cor. Vejamos:

Figura 9 – Tabela Excel n.º 3

N.º ID /Argumento	1	2	3	5	6	7	8	9	11	12	13	14	15	16
Domínio da língua portuguesa	Sim	Sim	Sim			Sim	Sim	Sim						
Posse de documentos	Sim	Sim		Sim		Sim		Sim						
Prova de inadaptação	Sim				Sim				Sim	Sim				Sim
Isolamento			Sim		Sim	Sim		Sim						Sim
Questão de fato e prova					Sim						Sim	Sim	Sim	Sim
Faculdade do magistrado									Sim	Sim			Sim	
Tem trabalho			Sim			Sim								
Condução de veículo							Sim	Sim						
Crime hediondo							Sim				Sim			
Desenvoltura para a prática criminosa							Sim							
Não afirmou ser indígena em interrogatório					Sim									

N.º ID /Argumento	1	2	3	5	6	7	8	9	11	12	13	14	15	16
Capacidade de se defender em interrogatório					Sim									
Tem diversas tatuagens						Sim								
Tem algum grau de escolaridade							Sim							
Responde a outras ações penais			Sim											

Fonte: elaborada pelo autor

A primeira categoria, "Domínio da língua portuguesa", refere-se ao argumento de que indígenas, para não serem considerados integrados e, assim, poderem ter acesso aos benefícios previstos no *caput* e no parágrafo único do art. 56 do Estatuto do Índio, tanto a atenuação da pena como o cumprimento da pena em regime especial de semiliberdade no local de funcionamento de órgão de assistência aos índios (Funai) mais próximo da habitação do condenado não podem possuir domínio sobre a língua portuguesa. É o que se percebe de trechos das decisões, que seguem:

> ID n.º 1:
> Como se vê, o Tribunal de origem, fundamentado em elementos probatórios constantes dos autos, concluiu que os recorrentes tinham boa compreensão das regras da sociedade não indígena, **inclusive sabendo ler e escrever** e possuindo identificação civil (grifos nossos).
> ID n.º 2:
> *In casu*, portanto, não é possível o cumprimento da pena em regime especial de semiliberdade (art. 56, parágrafo único), uma vez que o Tribunal de origem afirmou que o paciente possui título de eleitor e **domínio da língua portuguesa, evidenciando que está integrado à sociedade** [...] (grifo nosso).
> ID n.º 8:
> Desta forma, se os elementos dos autos são suficientes para afastar quaisquer dúvidas a respeito da inimputabilidade do paciente, tais como a **fluência na língua portuguesa**, certo grau de escolaridade, habilidade para conduzir motocicleta e desenvoltura para a prática criminosa, como a participação em reuniões de traficantes, não há que se falar em cerceamento de defesa decorrente da falta de laudo antropológico (grifo nosso).
> ID n.º 9:
> No presente caso, a Corte de origem concluiu que, "pelas provas coligidas nos autos, verifica-se que o apelante, **embora de origem indígena, encontra-se plenamente integrado à sociedade, já que** [...] **fala a língua portuguesa** [...], o que afasta a

> atenuação da reprimenda prevista no artigo 56, parágrafo único, da Lei n.º 6.001/1976 (Estatuto do Índio) (grifo nosso).

Portanto, demonstrar saber a língua portuguesa é um fator que leva os Ministros a classificarem indígenas como integrados à sociedade, seja esse domínio revelado pela fala ou escrita, sem uma avaliação mais aprofundada do nível de autonomia nessa linguagem.

O argumento do domínio da língua portuguesa é seguido em frequência por aquilo que categorizamos como "Posse de documentos"; "Prova de inadaptação"; "Isolamento"; e "Questão de fato e prova".

A primeira categoria, "Posse de documentos", refere-se aos argumentos de que, em razão de o réu possuir algum documento de identificação, o indígena deveria ser considerado como integrado à sociedade. Esse documento pode ser tanto uma identidade civil (título de eleitor) quanto qualquer tipo de documento pessoal, como observamos nos casos de ID n.º 1, n.º 2 e n.º 7, respectivamente.

A "prova de inadaptação", por sua vez, é a categoria que utilizamos para designar os argumentos que indicam que os indígenas deveriam fazer prova de que não estão aptos a conviver na sociedade em geral, não se adaptariam à prisão ou, então, não são capazes de entender a ilicitude ou a imoralidade da conduta de que são acusados de praticar.

Essa categoria englobou argumentos listados anteriormente como o de "Boa compreensão das regras da sociedade não indígena", presente no caso de ID n.º 1, como podemos identificar no seguinte trecho:

> Como se vê, o Tribunal de origem, fundamentado em elementos probatórios constantes dos autos, concluiu que os recorrentes **tinham boa compreensão das regras da sociedade não indígena**, inclusive sabendo ler e escrever e possuindo identificação civil (grifo nosso).

Nesse caso, tem-se que os Ministros concordaram com o Tribunal de origem no tocante ao ponto de que os indígenas possuíam uma boa compreensão das "regras da sociedade não indígena", o que faz pensar que seria necessária a prova em contrário por parte desses réus, a chamada prova de fato negativo ou prova diabólica, que é repudiada pelo ordenamento jurídico brasileiro em matéria penal.

Diferentemente desse caso em que a necessidade de provar a inadaptação do indígena se faz menos explícita, há outros em que é mais direta a exigência de provas aos indígenas de que eles, por algum motivo, não estão adaptados a viver com não indígenas. É o caso das decisões de ID n.º 11 e n.º 12, por exemplo:

> ID n.º 11:
> É bem verdade que o primeiro deles – condição de indígena – decorre, de modo implícito (vide art. 13 da Lei n. 6.001/73), da ação penal. Todavia, aquele remanescente – não adaptação, ora imprescindível, não é comprovado pelo requerente.
> ID n.º 12:
> Do dispositivo legal, então, retiram-se duas observações: a) a condição de indígena do beneficiado; e b) a faculdade ao magistrado para conceder a benesse.
> Não obstante, a jurisprudência pátria, indo além, exige, de modo pacífico, um terceiro requisito, que é a (c) condição de não adaptação do condenado.

Sob a categoria "isolamento", classificamos aqueles argumentos que consideram o fato de o indígena não viver isolado social e espacialmente e em uma aldeia indígena determinante para classificação como integrado. É possível perceber isso em quatro casos (ID n.º 3, n.º 6, n.º 7 e n.º 16), em que o fato de indígena viver em centros urbanos, possuir relação com autoridades e instituições públicas e participar da vida social e política da região em que reside tornam-se determinantes para classificação de indígena como "integrado à sociedade" e não merecedor de benefícios constantes do Estatuto do Índio.

Em seguida, há os argumentos que categorizamos como "questão de fato e prova". Essa categoria se refere aos casos em que foi alegado que a discussão dos autos exigiria análise de fatos e provas, o que seria um impedimento ao reexame da classificação de indígenas considerados como integrados à sociedade feita pelos tribunais de origem. Trata-se de uma forma de decidir que evita a discussão de mérito.

Nesses casos, na maioria das vezes, o fundamento para essa vedação à análise de fatos e provas é a Súmula 7 do STJ, que dispõe que "A pretensão de simples reexame de prova não enseja recurso especial". Essa forma de decidir foi empregada em cinco dos casos analisados, sendo determinante em dois deles para evitar discussões sobre o mérito das causas.

No caso de ID n.º 6, por exemplo, foi argumentado de forma subsidiária que, mesmo que não fossem existentes outros motivos para se considerarem os réus indígenas integrados, afastar o entendimento do tribunal de origem implicaria revolvimento fático-probatório, o que seria obstado pela Súmula 7 do STJ. É o que se pode comprovar pelo seguinte trecho:

> Não se vislumbra, assim, a ocorrência de violação aos arts. 4.º, 7.º, 9.º e 10 do Estatuto do Índio, nem ao art. 1.º da Lei n.º 5.371/67, porquanto os Réus, ainda que considerados índios, estão aculturados e integrados à comunidade, sendo incompatível o recebimento de benefício destinado aos indígenas isolados ou em via de integração.
> Ademais, afastar tal entendimento ensejaria uma aprofundada inserção na seara fático-probatória dos autos, com o reexame das provas colacionadas nos autos da ação criminal, o que é vedado, nesta via especial, a teor do que estabelece a Súmula n.º 07 do STJ.

O mesmo argumento de que, se o STJ contrariar o tribunal de origem, teria de reapreciar fatos e provas, o que é vedado pela Súmula n.º 7 do STJ, também está presente no caso de ID n.º 13:

> Como se vê, inverter-se a conclusão a que chegou a Corte local, reconhecendo se tratar de um índio já integrado à civilização, implicaria, necessariamente, no revolvimento do conjunto fático-probatório, consequencializando-se a necessária reapreciação da prova, o que é vedado pela letra do enunciado n.º 7 da Súmula deste Superior Tribunal de Justiça, *verbis*: [...].

No caso do ID n.º 15, temos o argumento de que o STJ não poderia adentrar no contexto fático-probatório da ação penal, tendo em vista aquela ação ser um *habeas corpus*, instrumento em que é vedado conhecer de provas não pré-constituídas, que devam ser reapreciadas ou então passar por exame aprofundado. Vejamos:

> Quer dizer, ao lado de o feito estar mal instruído, há a circunstância de que, para se asseverar, aqui e agora, a aplicabilidade da Lei n. 6.001/1973 ao caso, necessário seria, uma vez mais, adentrar no contexto fático-probatório da ação penal, procedimento que não se coaduna com a via eleita.

Assim, tanto no caso de ID n.º 15 quanto de ID n.º 16, encontra-se o mesmo argumento, porém a argumentação é superficial. Isso porque, no voto, não há menção à tese de impossibilidade de adentrar no contexto fático-probatório em *habeas corpus*. A argumentação se dá quase que integralmente pela citação de decisão do tribunal de origem, a qual refere à jurisprudência do STJ que, por sua vez, menciona a Súmula 7 como argumento para impossibilidade de se analisar o contexto fático-probatório, conforme segue:

> 6. Hipótese em que não houve nulidade pela falta de realização do exame pericial antropológico ou sociológico. Além disso, para rever a conclusão do acórdão recorrido, seria necessária a revisão de provas, providência descabida em recurso especial, por força da Súmula 7/STJ. [...] (REsp 1129637/SC, Rel. Ministro Sebastião Reis Júnior, Sexta Turma, julgado em 25.02.2014, *DJe* 10.03.2014).

A confirmação de que a tese da Súmula 7 não foi adotada pelo julgador nesse caso vem pelo texto da ementa e pela natureza da ação. A ementa menciona assim a inadequação da via eleita:

> 2 – Resta prejudicado o pleito de inépcia com a superveniência da pronúncia, porquanto perde sentido a análise de sua higidez formal se já confirmada após toda a instrução perante o juiz togado. **Entender de modo contrário importa em infringir, em *ultima ratio*, o acervo fático-probatório erigido sob o crivo do contraditório, o que não é possível na via eleita**. Como cediço, a pronúncia, embora não decida o mérito da persecução, contém juízo de confirmação da pretensão punitiva, com muito maior gravidade do que meros indícios de autoria e materialidade exigidos na denúncia (grifo nosso).

Dessarte, como se trata de um recurso em *habeas corpus*, entende-se que foi adotado o argumento de que não seria possível discutir questões de fato ou provas nessa ação, o que não está claro no voto da decisão examinada.

Por sua vez, no caso de ID n.º 14, observou-se a impossibilidade de se examinar qualquer aspecto relativo à integração de indígena pelo fato de que isso implicaria reexame de fatos e provas, o que é vedado pela Súmula 7 do STJ e, também, em *habeas corpus*.

> É inadmissível em grau de Recurso Especial avaliar se a área reclamada no presente feito integra, ou não, o perímetro do imóvel referido na Portaria 1.128/2003; se é de ocupação imemorial dos indígenas ou ainda se está registrada na literatura histórica da região; e se os índios que desmataram a reserva biológica estão ou não integrados à comunidade, porquanto tal exame implicaria revolvimento do contexto fático-probatório, o que não se admite ante o óbice da Súmula 7-STJ.

Portanto, nos casos em que o argumento da impossibilidade de reexame de questões de provas e de fato é empregado, há uma menor variedade de argumentos. Além disso, nos casos que trazem essa categoria de argumento, é possível perceber que a distinção entre matérias consideradas de fato e de direito pode ser ligeiramente arbitrária, ainda mais nos casos em que se trata da integração de indígena. Afinal, a discussão de quais provas ou elementos fáticos são necessários à classificação de indígenas como integrados à sociedade é, a nosso ver, uma questão jurídica. No entanto, esse debate não é aprofundado nos documentos analisados.

As categorias de argumentos pintadas em amarelo na planilha anterior da Figura 9 são aquelas que têm frequência de dois a três casos entre aqueles selecionados e analisados. São elas: "Faculdade do magistrado"; "Tem trabalho"; "Condução de veículo"; e "Crime hediondo".

"Faculdade de magistrado" está presente nos casos de ID n.º 11, n.º 12 e n.º 15. Refere-se ao argumento de que a expressão "se possível", encontrada no parágrafo único do art. 56 do Estatuto do Índio, concernente ao regime especial de cumprimento de pena em semiliberdade do indígena, indicaria que é uma faculdade do magistrado a concessão desse direito. Assim, como os magistrados possuiriam "discricionariedade" para decidir sobre a aplicação dessa norma, seria possível negá-las pela livre convicção do julgador. É o que observamos claramente nos seguintes casos:

> ID n.º 11:
> No que diz respeito ao regime prisional pleiteado, trago à colação os fundamentos do acórdão impugnado (e-STJ fls 42/45): [...] o que se observa, porquanto o interlocutório calcou-se nos seguintes fatos e fundamentos:
> Do dispositivo legal, então, retiram-se duas observações: a) a condição de indígena do beneficiado; e b) a faculdade ao magistrado para conceder a benesse.
> ID n.º 15:
> Para o Tribunal estadual, havendo na lei específica, Estatuto do índio, uma alternatividade quanto ao regime de cumprimento de pena, com a expressão "se possível ", fica na discricionariedade do magis-

> trado atender ou não àquela norma. Segundo o acórdão do HC n. 2008.006293-2 (o único a tratar da matéria), isto quer dizer que, se o magistrado, com a discricionariedade regrada que lhe é concedida pela lei, julgando que a pena não é possível ser cumprida daquela forma indicada na norma referida, por exemplo, porque seria inócua, pode decidir de maneira contrária, sem que esteja infringindo aquele dispositivo legal (fl. 70).

A categoria de argumentos "Tem trabalho" refere-se aos argumentos de que o indígena pleiteante dos benefícios penais presentes no Estatuto do Índio não teria tais direitos por serem considerados pelo juízo integrados à sociedade, o que seria evidenciado pelo fato de que eles trabalham ou trabalharam, seja em regime formal ou informal. Vejamos o que é mencionado nos casos de ID n.º 3 e n.º 7:

> ID n.º 3:
> Logo, não merece reparos o acórdão regional que assim assinalou sobre o grau de integração do agravante, de origem indígena, à cultura nacional: "do exame dos autos observa-se que o acusado [...] **foi funcionário do Bandepe** [...] Cuidando-se de indígena integrado à civilização, não há que se falar na referida atenuação" (fl. 816) (grifo nosso).
> ID n.º 7:
> Como alertou o Ministério Público do Estado de São Paulo, "não há nenhuma evidência de que o réu seja indígena (e que vá poder se beneficiar dos dispositivos do estatuto do índio) a não ser a declaração feita por ele mesmo às fls. 65. Ele tem documentos pessoais, fala português, ostenta tatuagens diversas, **alega ser vendedor ambulante** e mora em São Paulo, e não em alguma tribo (grifo nosso).

A categoria de argumento "Condução de veículo" concerne aos argumentos que consideram que o indígena seria integrado à sociedade, tendo em vista sua aptidão para conduzir veículo automotor, como uma motocicleta, ou posse de automóvel. É o que ocorre nos seguintes casos:

> ID n.º 8:
> Igualmente relevante o fato de que as investigações realizadas o apontavam como alguém que participava de todas as reuniões realizadas pelos traficantes na casa do chefe do bando, seu pai e **utilizava para seus deslocamentos na aldeia de uma moto roubada**.
> [...]
> Desta forma, se os elementos dos autos são suficientes para afastar quaisquer dúvidas a respeito da inimputabilidade do paciente, tais como a fluência na língua portuguesa, certo grau de escolaridade, **habilidade para conduzir motocicleta** e desenvoltura para a prática criminosa, como a participação em reuniões de traficantes, não há que se falar em cerceamento de defesa decorrente da falta de laudo antropológico (grifos nossos).
> ID n.º 9:
> No presente caso, a Corte de origem concluiu que, "pelas provas coligidas nos autos, verifica-se que o apelante, embora de origem indígena, encontra-se plenamente integrado à sociedade, já que [...] **possui veículo automotor, inclusive dirigindo**, na forma dos depoimentos testemunhais, bem como participa de jogos de futebol na comunidade" (e-STJ fls. 331), o que afasta a atenuação da reprimenda prevista no artigo 56, parágrafo único, da Lei n.º 6.001/1976 (Estatuto do Índio) (grifos nossos).

Por sua vez, a categoria "Crime hediondo" corresponde ao argumento de que, em razão de se tratar de crime hediondo, o acusado não teria direito ao benefício penal presente no parágrafo único do art. 56 do Estatuto do Índio, independentemente de seu grau de integração.

> ID n.º 8:
> De outro lado, este Corte já decidiu no sentido da inaplicabilidade do r. artigo aos indígenas integrados, e até mesmo aos índios isolados e em vias de integração, quando se tratar de crimes hediondos

> e equiparados, que é a hipótese dos autos, pois o paciente foi condenado pela prática de tráfico ilícito de entorpecentes [...].
> ID n.º 13:
> Note-se, ademais, que ao silvícola, cujo cumprimento de pena se dá em regime especial de semiliberdade, no local de funcionamento do órgão federal de assistência aos índios mais próximos da habitação do condenado (§ único do art. 56), **não se aplica o regime fechado preconizado na lei dos crimes hediondos.**
> [...]
> É que esta Corte Federal Superior registra já entendimento no sentido de que, por força mesmo do disposto no parágrafo 1.º do artigo 2.º da Lei n.º 8.072/90, **não se aplica o regime de semiliberdade estatuído pela Lei n.º 6.001/73 ao indígena condenado por delito hediondo ou equiparado** (grifos nossos).

Nos argumentos de menor frequência, temos "Desenvoltura para a prática criminosa"; "Não afirmou ser indígena em interrogatório"; "Capacidade de se defender em interrogatório"; "Tem diversas tatuagens"; "Tem algum grau de escolaridade"; e "Responde a outras ações penais". Além de serem menos frequentes, são argumentos laterais, que estão sempre somando a outros avaliados pelos julgadores como aptos a evidenciar o caráter integrado dos indígenas. As categorias, somadas às duas tabelas anteriores, são autoexplicativas do conteúdo argumentativo em cada caso.

Por fim, tratemos brevemente dos casos classificados como favoráveis, de ID n.º 4 e n.º 10.

No caso de ID n.º 10, foi evocado, em concordância com parecer do Ministério Público Federal, que a nova ordem constitucional afastou a política assimilacionista que teria inspirado disposições do Estatuto do Índio. Além disso, teria sido adotado pelo juízo *a quo um* conceito cientificamente ultrapassado à luz da antropologia, que conduziria a interpretações indevidas sobre indígenas e estimularia a homogeneização arbitrária de sua cultura. Nesse caso, é citada a Convenção 169 da OIT que, segundo o julgado, teria estabelecido autoidentificação como critério para identificação de indígena. Determinou a decisão também a devida assistência da Funai, o que viciaria a competência da justiça estadual naquele caso, sendo necessária, portanto, anulação desde a denúncia.

No caso de ID n.º 4, por seu turno, não se afasta o exame do grau de integração dos indígenas, que seriam menores de idade. O voto baseia-se em depoimento de Chefe de Posto da Funai em que se menciona que nem todos os índios da aldeia em questão estavam integrados à cultura local e que acreditava que "[...] os menores não estariam totalmente integrados à cultura branca". Como o julgador encontrou dúvidas acerca do grau de integração dos acusados e, tendo em vista que se tratava de menores de idade, decidiu pela anulação de decisões do Tribunal de origem que não deferiram a realização de laudo antropológico.

Em contraste com alguns dos casos desfavoráveis em que se argumentou pela necessidade de prova de inadaptação do indígena, nessa situação foi exigida prova contundente da adaptação, que se dá pela imposição de "provas contundentes da sociabilidade" dos réus.

3.4 Usos e sentidos dos conceitos de "integração", "aculturação" e "assimilação" em decisões judiciais

Mais importante do que a frequência de argumentos mobilizados no total dos casos ou a variedade de argumentos apresentados em cada caso é a qualidade, ou seja, o tipo de argumento utilizado, bem como seu significado para os atores estudados.

Como aludido no item 1.3, "Coleta e interpretação dos dados", passaremos a avaliar as hipóteses que criamos com o fim de nos auxiliar no direcionamento de nossa investigação e interpretação dos documentos em exame.

A primeira hipótese refere-se aos conceitos de "integração" e "assimilação". O que se busca saber é se os Ministros empregam tais conceitos nos casos que selecionamos, os quais versam sobre a integração de indígenas. Ocorrendo sua utilização, procuramos compreender de que modo os Ministros os têm mobilizado. Especificamente, pretendemos responder se, nas decisões judiciais, os julgadores entendem e aplicam "integração" no sentido de "assimilação".

Antes de avançarmos, precisamos conceituar o que entendemos por "integração", "assimilação" e "aculturação". Segundo o antropólogo Laraia (1976, p. 13), "integração" seria

> [...] uma efetiva participação do grupo tribal na sociedade nacional, com a adoção de diversos costumes e práticas tecnológicas, mas sem perder os aspectos que consideram importantes de sua cultura e, principalmente, sem perder a sua identidade étnica. Isto é, mesmo que o grupo se considere parte da sociedade nacional, continua ainda se identificando como índio, ou melhor como Terena, Tukuna etc.

Portanto, observamos que a integração, segundo a concepção antropológica do autor, é uma incorporação de elementos culturais tidos como da "sociedade nacional', ou seja, não indígenas ou próprio dos homens brancos, sem que se percam "aspectos importantes" de sua cultura, conforme seu próprio ponto de vista, e sem que o grupo ou indivíduo deixe de se identificar como indígena. Apesar de essa definição parecer adotar a ideia de "cultura"[39] como um conjunto de traços imutáveis, é necessário notar que ela privilegia o que é considerado culturalmente importante e capaz de gerar identidade étnica de acordo com os próprios indígenas.

Por sua vez, "assimilação" seria

> [...] uma total incorporação do grupo tribal à sociedade nacional, com a adoção de grande parte dos costumes e práticas tecnológicas desta, com a perda quase total de sua peculiaridade cultural e, principalmente, de sua identidade étnica.

[39] O conceito de "cultura" será detalhado adiante no item 3.5, "Cultura' e cultura: visão estática e dinâmica do conceito de cultura em decisões judiciais".

> Isto é, apesar da evidente fenotipia indígena, o grupo recusa a se identificar como tal, adotando uma forma de repulsa ao passado tribal (Laraia, 1976, p. 13).

Portanto, a assimilação é o fenômeno em que há a incorporação por indígenas de costumes e práticas tecnológicas considerado como não indígenas, deixando de se autoidentificar como indígenas.

Por sua vez, "aculturação", segundo o autor, é um processo "[...] que se refere a um tipo de mudança cultural, provocada de fora do sistema [cultural], através do contato de culturas diferentes" (Laraia, 1976, p. 166). Dessarte, a aculturação é o processo pelo qual um grupo indígena pode se tornar "assimilado" ou então "integrado", nos termos de Laraia (1976).

Nas decisões judiciais analisadas, buscou-se o emprego das palavras "integração", "assimilação" e "aculturação". Os trechos em que esses vocábulos foram encontrados foram minuciosamente analisados e considerados com relação a todas as decisões. A partir disso, foi possível interpretar e extrair o que significam esses termos nas decisões judiciais.

Entre os três termos sob análise, integração é o mais empregado pelos Ministros do STJ. Para os julgadores, integrado seria a qualidade daquele indígena que tem conhecimentos dos costumes "inerentes" à sociedade civil ou então possui hábitos associados a essa sociedade civil. Seria possível identificar o indígena integrado por outros elementos, além do laudo antropológico ou sociológico, por exemplo, a partir de seu domínio da língua portuguesa ou capacidade de compreensão das regras da sociedade não indígena. Como bem examinado no item 3.3, também são argumentos adotados para classificar indígenas como integrados a posse de documentos civis, o grau de escolaridade e a habilidade de condução de veículo automotor, entre outros.

Assimilação é o termo menos empregado entre aqueles que estamos analisando, sendo apenas utilizado no caso de ID n.º 10. Nessa oportunidade, assimilacionismo é entendido como uma política que inspirou as disposições do Estatuto do Índio, a qual não está mais em consonância com a ordem constitucional. Segundo o acórdão, o conceito é cientificamente ultrapassado à luz da antropologia e conduz a interpretações indevidas acerca de povos indígenas e estimula a homogeneização arbitrária de sua cultura. Esse caso chama atenção por ser um dos únicos classificados como favoráveis aos réus e, também, somente ele conceitua assimilação.

Nas decisões judiciais analisadas, quanto ao emprego do termo "aculturação", ele se refere a uma fase ou a um processo de transição entre o indígena não integrado e o integrado. Para os Ministros, a aplicação do art. 56 da Lei 6.001/1973, por exemplo, só deve se dar para os indígenas que estejam em fase de aculturação, que demonstrem que estão em certo "grau de integração" que os torne merecedores dos benefícios previstos no Estatuto do Índio. A aculturação, portanto, seria uma fase que se encerra com a adaptação do indígena à "sociedade civil".

É isso o que identificamos a partir da leitura de diversos trechos das decisões, senão vejamos:

> ID n.º 1:
> No que diz respeito, à atenuante prevista no art. 56 da Lei n. 6.001/1973, sua aplicação é limitada aos indígenas em fase de aculturação, não sendo cabível sua incidência a silvícolas adaptados à sociedade civil.
> ID n.º 6:
> Do exposto, extrai-se que os índios da tribo a que o apelante pertence apresentam-se integrados à sociedade, participando da vida social e política da região, demonstrando seu grau de aculturamento.
> [...]
> Não se vislumbra, assim, a ocorrência de violação aos arts. 4.º, 7.º, 9.º e 10 do Estatuto do Índio, nem ao art. 1.º da Lei n.º 5.371/67, porquanto os Réus, ainda que considerados índios, estão aculturados e integrados à comunidade, sendo incompatível o recebimento de benefício destinado aos indígenas isolados ou em via de integração.

> ID n.º 8:
> Ordem denegada em relação ao paciente Benkaroty Kayapó e concedida, de ofício, à corré Irekran, visto que se encontrava, consoante o acórdão recorrido, em fase de aculturamento (HC 9.403/PA, *DJ* de 18.10.1999, Rel. Min. José Arnaldo da Fonseca).
> ID n.º 9:
> A aplicação do parágrafo único do art. 56 da Lei n. 6.001/1973 (Estatuto do Índio) é limitada aos indígenas em fase de aculturação.

Da análise de tais conceitos em decisões judiciais, portanto, verifica-se que assimilação é um conceito raramente utilizado, sendo as decisões com a temática "indígena integrado" baseadas principalmente nos conceitos de integração e aculturação. De acordo com o que se depreende dos documentos examinados, a aculturação é um processo, expresso em graus, marcado pela incorporação pelos indígenas de quaisquer elementos (vivências, conhecimentos, características ou hábitos) geralmente associados à cultura não indígena. Nesses casos, o processo de aculturação se dá sempre na direção da integração à cultura não indígena. Quando iniciado o processo de aculturação, o indígena é considerado "aculturado", sinônimo para "integrado", segundo se depreende das decisões.

O processo de aculturação é visto, em todos os casos desfavoráveis, como algo irreversível e capaz de "corromper" a cultura indígena em sua essência, bastando que se aponte um argumento capaz de comprovar, conforme os magistrados, certo grau de aculturação, para que o indígena seja considerado aculturado ou integrado.

Dessarte, os conceitos utilizados pelos Ministros muito se diferem daqueles empregados pela antropologia de Laraia (1976). Não obstante, é preciso dizer que não há consenso, em antropologia, sobre a definição desses conceitos, podendo eles ser diferentes de acordo com cada autor e obra. Exemplo disso é o que verificamos na obra de Carneiro da Cunha (2012, p. 102, 113), que entende que a assimilação é uma espécie de dissolução na sociedade nacional, enquanto a integração é o pleno exercício da cidadania, a capacidade de se fazerem ouvir e defender seus direitos.

A autora avança, ainda, na interpretação jurídica sistemática dos termos assimilação e integração ao afirmar que, se a legislação indigenista (Estatuto do Índio e Convenção de Genebra) busca integrar progressiva e harmoniosamente à "comunhão nacional" as culturas indígenas e, também, preservá-las, há uma distinção entre integração e assimilação. Interpretar integração no sentido de assimilação, isto é, de que há uma dissolução de uma cultura em outra, levaria a uma contradição em termos com o propósito de preservação da cultura indígena. Sendo assim, integração deveria significar, para a autora, o provimento de instrumentos de participação e defesa de direitos aos indígenas em um contexto que lhes é hostil (Carneiro da Cunha, 2012, p. 102).

Como pudemos observar na obra de Laraia (1976), os fenômenos assimilação e integração têm na autoidentificação como indígena um componente essencial. Nessa definição antropológica, a mudança cultural é classificada como integração se for apenas parcial, se levar à participação na sociedade não indígena e não conduzir à recusa da identidade indígena. Por sua vez, essa mudança é classificada como assimilação, se for mais intensa do que aquela decorrente da integração e encaminhar à recusa de autoidentificação como indígena.

Do emprego desses conceitos nas decisões judiciais analisadas, percebe-se que a autoidentificação não tem relevância para o julgamento de um indígena como "integrado à sociedade", e o julgador se considera apto a avaliar o grau de integração do indígena, em quase todos os casos, com base nos critérios e argumentos apresentados anteriormente.

Se considerarmos os conceitos de Laraia (1976), a primeira hipótese – "se o conceito de integração está sendo empregado no sentido de assimilação" – será respondida negativamente. Ao utilizarem o conceito de integração, os magistrados demonstram que não o tomam como o conceito clássico de antropologia. Em certa medida, revelam empregar integração como assimilação, no sentido de que há o desaparecimento de uma identidade indígena. No entanto, não é possível dizer que estão adotando exatamente tal conceito de assimilação, em virtude de que este leva em conta a percepção do próprio grupo indígena sobre si. A definição dos magistrados de integração, portanto, não corresponde ao conceito de integração, nem ao de assimilação, em seus sentidos antropológicos clássicos.

Contudo, entendemos que a definição de Carneiro da Cunha (2012) para integração e assimilação deveria ser o parâmetro para a avaliação da comprovação da hipótese aventada. Isso se deve ao fato de que seus conceitos são aqueles que possuem melhor interface entre o direito e a antropologia. Eles nos possibilitam dar uma orientação interpretativa coerente para o Estatuto do Índio. Logo, é possível dizer que, sim, os magistrados empregam o conceito de integração no sentido de assimilação, isto é, de dissolução ou desaparecimento de uma cultura em outra.

3.5 "Cultura" e cultura: visão estática e dinâmica do conceito de cultura em decisões judiciais

Depois de nos aprofundarmos no exame do perfil dos casos, da linguagem empregada, da fundamentação das decisões e de especificidades sobre alguns dos conceitos empregados por essas decisões, é possível compreender com maior propriedade o universo simbólico partilhado pelos Ministros. Nesta seção, passaremos à verificação da segunda hipótese aventada na introdução deste livro, a saber: se os Ministros têm uma visão essencialista, isto é, estática, do que seja cultura.

O entendimento dos Ministros a respeito da ideia de cultura está implícito na forma como esses julgadores compreendem os conceitos de integração e aculturação. Como vimos no item 3.2, a linguagem dos Ministros revela uma associação entre "integração" e expressões como "nossa sociedade"; "nossa civilização"; "na civilização"; "cultura brasileira"; "comunhão nacional"; "sociedade nacional"; "sociedade civil"; "sociedade brasileira", entre outras. Essa associação indica que há oposição entre o indígena, sua cultura, sociedade ou comunidade e a comunhão nacional, sua sociedade, cultura ou civilização.

Independentemente da forma com que se apresenta, essa oposição reflete uma mesma ideia de que a integração do indígena se dá sempre no sentido de o indígena passar a incorporar elementos tidos como parte da "cultura brasileira" ou "civilização". Isso ficou bastante claro a partir da análise da fundamentação das decisões, em que identificamos, por exemplo, que demonstrar algum domínio da língua portuguesa, possuir documentação civil, não provar que não se adaptaria à vida na prisão e não se isolar social e/ou espacialmente de grupos não indígenas constituem características que permitem a classificação de indígena como integrado à sociedade, o que impede a concessão de benefícios penais previstos na legislação brasileira.

É possível dizer, portanto, que os magistrados identificam a "cultura brasileira" como "cultura doadora" e a "cultura indígena", como "cultura receptora", no sentido que atribui Bastide (2009, p. 39). Esse processo de doação e recepção de cultura, para os magistrados, além de ser unilateral e irreversível, parece-nos, deixa de considerar que contatos entre indígenas e não indígenas se dão estatutariamente (Bastide, 2009, p. 39). Isso significa que não se reputa que, conquanto tenha havido contato entre o indígena e não indígena, não é considerado que isso seja algo parcial, pois o que entra em contato são indivíduos que possuem estatutos, papéis, atitudes, normas de comportamento e interesses específicos. Assim, como indivíduos não são representativos da totalidade de uma cultura, também não são eles capazes de "contaminar" ou "corromper" outra cultura por completo pelo simples contato.

Ao tentarmos abstrair quais seriam os conceitos utilizados pelos magistrados nas decisões e contrapondo-os àqueles usados em antropologia, apercebemo-nos que conceitos fundamentais como integração e assimilação têm sido empregados de forma atécnica, sob a lente de diferentes autores da antropologia. Entendeu-se que, para os Ministros, a aculturação é um processo irreversível pelo qual, a partir da incorporação de quaisquer elementos identificados como pertencentes à cultura não indígena, o indígena passa a ser considerado como integrado. Os magistrados acabam por levar em conta que existe a dissolução da cultura indígena em outra, a "cultura nacional", revelando que adotam o conceito de assimilação no lugar integração, tal qual definimos no item 3.4.

De acordo com o que demonstram pensar os Ministros, é possível sustentar que o "processo irreversível de aculturação" que resulta na integração do indígena, por considerar praticamente qualquer tipo de manifestação não associada ao estereótipo de indígena brasileiro como algo desabonador da condição de não integração, obedece a padrões muito rígidos. Esse tipo de pensamento revela uma expectativa de pureza com relação à cultura indígena, que leva, recorrentemente, a não concessão dos benefícios penais em comento.

Dadas essas considerações, é possível asseverar que, sim, a concepção de cultura em que se baseiam os julgadores é de um conjunto de características de identidade estáticas; possuem, portanto, uma visão essencialista do que seja cultura. Em realidade, entendem que as culturas indígenas são "cultura", no sentido que lhe dá Carneiro da Cunha (2009, p. 311-373), como uma unidade que existe em um sistema interétnico, entre indígenas e não indígenas, que garante um reconhecimento da cultura indígena como patrimônio nacional brasileiro, o que possibilita que a "cultura" seja usada como "[...] recurso e arma para afirmar a identidade, dignidade e poder diante dos Estados nacionais ou da comunidade internacional" (2009, p. 311-373), mas, ao mesmo tempo, pode ser usado pelo Estado como argumento para o não reconhecimento do caráter dinâmico da cultura de modo a pretender uma fossilização da visão que se tem dos povos indígenas.

"Cultura" com aspas, portanto, muito se difere de cultura, sem aspas, porque a primeira se refere a uma percepção interétnica, que é estática ou essencializante com relação aos povos indígenas, e a segunda diz respeito a uma percepção "intraétnica", de povos tradicionais com relação a si mesmos, conceito dinâmico que tem capacidade de lidar com a mudança cultural, algo ínsito à vida cultural de quaisquer povos.

Como se sabe, em antropologia, que é a disciplina apta ao estudo da cultura em suas mais variadas formas, é consenso de que a classificação de grupos como indígenas a partir da percepção ocidental de traços externos de modo estático encontra grandes limitações, não devendo ser adotada, pois, se recorrêssemos a traços culturais exibidos por uma cultura, não seria possível afirmar que qualquer povo tem uma relação de continuidade com seus antepassados (Carneiro da Cunha, 2012, p. 106). Essa questão é tratada com perfeição por Carneiro da Cunha (2012, p. 103):

> [...] Tampouco podem ser invocados critérios baseados em formas culturais que se mantivessem inalteradas, pois isso seria contrário à natureza essencialmente dinâmica das culturas humanas: com efeito, qual o povo que pode exibir os mesmos traços culturais de seus antepassados? Partilharíamos nós os usos e a língua que aqui vigoravam há apenas cem anos? Na realidade, a antropologia social chegou à conclusão de que os grupos étnicos só podem ser caracterizados pela própria distinção que eles percebem entre eles próprios e os outros grupos com os quais interagem. Existem enquanto se consideram distintos, não importando se essa distinção se manifesta ou não em traços culturais. E, quanto ao critério individual de pertinência a tais grupos, ele depende tão somente de uma autoidentificação e do reconhecimento pelo grupo de que determinado indivíduo lhe pertence. Assim, o grupo pode aceitar ou recusar mestiços, pode adotar ou ostracizar pessoas, ou seja, ele dispõe de suas próprias regras de inclusão e exclusão.

> Comunidades indígenas são pois aquelas que, tendo uma continuidade histórica com sociedades pré-colombianas, se consideram distintas da sociedade nacional. E índio é quem pertence a uma dessas comunidades indígenas e é por ela reconhecido.

É possível dizer que a visão de mundo dos Ministros a respeito do conceito de cultura tende a refletir aquela que possui mais afinidade com o *habitus* de grupos dominantes da sociedade, na medida em que partilham entre si formações familiares e escolares semelhantes, como diagnostica Bourdieu (1989, p. 242).

Diante do que foi examinado do perfil dos casos, da linguagem empregada, da fundamentação das decisões, de especificidades sobre alguns dos conceitos empregados por essas decisões e, agora, da visão que os Ministros demonstram possuir de cultura, concluímos que eles têm uma visão essencialista ou estática do que seja cultura. Entendem a vida cultural não como cultura em seu sentido próprio, mas como "cultura", um conceito interétnico que privilegia traços e aspectos imutáveis no tempo, que desconsidera a mudança cultural.

3.6 Decisões sobre "indígena integrado" e o paradigma constitucional vigente

Com o objetivo de entender a visão de mundo por trás das decisões do STJ na temática indígena integrado, fixamos três hipóteses para guiar nossa investigação. A proposta é de que, ao exercitar a resposta a essas três hipóteses, possamos responder à questão fundamental com maior profundidade. Enfrentadas nossas duas primeiras hipóteses-guias de pesquisa: 1) se nas decisões judiciais os julgadores entendem e aplicam "integração" no sentido de assimilação" e 2) se estes têm uma visão essencialista, isto é, estática, do que seja cultura; prosseguimos para uma breve análise da terceira hipótese: 3) se o uso que tem sido feito do conceito de "índio integrado" está em conformidade com o paradigma constitucional vigente.

Essa hipótese é especialmente útil à nossa pesquisa, pois nos permite relacionar o arcabouço dogmático do direito desenvolvido anteriormente com o material empírico encontrado.

Mais uma vez, assim como em nossa investigação sobre o direito indigenista no período da ditadura militar, o estudo mais aprofundado do que a leitura dos dispositivos legais revela o quão enganosa pode ser sua leitura fria. Há, assim como apontou Laraia (1976, p. 9) à sua época, uma "dissociação entre uma política indigenista ideal e outra real".

Há, no material e período pesquisado, uma dissociação entre o que o STJ decide e o direito dos povos indígenas positivado na Constituição, na Convenção 169 e outras normas relevantes, o conjunto de normas que configuram o que convencionamos chamar de atual paradigma protetivo dos povos indígenas.

A análise das decisões também deixa claro outro fenômeno já mencionado, a ambivalência da juridicização do campo indigenista no Brasil, na medida em que há um processo de juridicização que não se converte, necessariamente, em maior proteção dos direitos de povos indígenas. O que comprova esse fato é a quase total falta de referência aos novos patamares protetivos que a Constituição e a Convenção 169 da OIT instituíram, especialmente o caráter fundamental da autoidentificação e a vedação a classificar indígenas em graus de integração.

Esse último é um critério inevitavelmente discriminatório, pois assume como preceito a ideia de que a cultura indígena é algo transitório. Comprova-se, nas decisões, o que fora alegado anteriormente, que o art. 56 do Estatuto do Índio incita o julgador a decidir com base em um critério de caráter evolucionista, o que é vedado pela Constituição, que estabeleceu o direito à diferença independentemente da passagem do tempo ou do entendimento majoritário da sociedade em geral acerca de quem é indígena.

Os critérios elencados como argumentos pelos magistrados para classificar indígenas como integrados são, em suma, discriminatórios, pois julgam a partir de uma percepção não indígena quem o é, o que viola uma série de dispositivos constitucionais e de tratados internacionais, tais como a Convenção Americana sobre Direitos Humanos (Pacto de São José da Costa Rica) e a Declaração das Nações Unidas sobre os Direitos dos Povos Indígenas de 2007, que vedam a discriminação e garantem a autodeterminação dos povos indígenas, entre outros direitos.

O único caso encontrado que faz referência a alguma das normas que compõem o atual paradigma a que nos aludimos entendeu que a Constituição de 1988 e a Convenção 169 da OIT determinaram o critério da autoidentificação como critério único para o reconhecimento da condição judicial de indígena. Como pudemos avaliar anteriormente, esse tipo de decisão também não é o mais adequado, pois estabelece um subjetivismo que possibilita que a identidade indígena judicialmente reconhecida seja usurpada por quem não seria considerado indígena, segundo critérios intraétnicos.

Por tudo isso, conclui-se que o uso que tem sido feito do conceito de "índio integrado" pelo STJ não está em conformidade com o paradigma constitucional vigente, de acordo com o material analisado e o arcabouço teórico-dogmático desenvolvido no Capítulo 2.

CONCLUSÃO: VISÕES DE MUNDO E O PARADIGMA PROTETIVO VIGENTE

Geertz (2017, p. 5) nos remete a um exercício de imaginar a tentativa de descrever a interação entre dois garotos piscando rapidamente o olho direito. Objetivamente, os movimentos dos dois são idênticos. Não é possível perceber, a partir de uma descrição superficial, quaisquer diferenças entre essas ações. O autor explora, com esse exemplo, o quão distintas podem ser as ações desses dois indivíduos se considerarmos suas intenções e significados dentro da teia de significados, que ele chama de cultura ou sistemas simbólicos. Essa forma de descrição de quais os diversos significados sobrepostos de uma ação pode ser entendida como "descrição densa" (2017, p. 5), expressão que o autor popularizou.

A antropologia interpretativista tem como base esse tipo de abordagem, que é uma análise semiótica da cultura (Geertz, 2017). Ela toma a cultura como um contexto para compreensão de símbolos, isto é,

> [...] as palavras, para a maioria, mas também gestos, desenhos, sons musicais, artifícios mecânicos como relógios, ou objetos naturais como joias – na verdade, **qualquer coisa** que esteja afastada da simples realidade e que seja **usada para impor um significado** à experiência (Geertz, 2017, p. 33, grifos nossos).

Com base na teoria antropológica de Geertz, entendemos que as decisões judiciais são "textos", suportes de símbolos e, assim, de significados (Geertz, 2014, p. 36), os quais podem possuir diversas camadas de interpretação. Essa abordagem nos permite compreender o que está subjacente na forma e conteúdo dos textos e criar descrições gerais e generalizações do que foi observado. Na prática, seria possível extrair, das decisões sob análise, o que caracteriza a visão de mundo que portam seus intérpretes com relação aos temas específicos de que elas tratam.

Desde nossa análise do léxico empregado, passando pela fundamentação, usos e sentidos dos conceitos de "integração", "aculturação" e "assimilação", bem como de "cultura" e cultura, estamos a adensar nossa descrição dos documentos examinados. Dessarte, cabe, neste momento, sistematizar e generalizar, dar forma à interpretação do que foi observado e dizer o que isso indica a respeito da visão de mundo dos produtores dos documentos que observamos para, então, avaliar se essa visão de mundo está em consonância com o atual paradigma protetivo dos direitos dos povos indígenas.

Dos documentos analisados, vimos que a palavra "integrado" é utilizada como um adjetivo para qualificar indígenas na qualidade de uma condição ou *status*, que, por sua vez, sempre é qualificado como um *status* que se dá integralmente, não sendo evocadas expressões que possam expressar incerteza ou incompletude.

Isso revela que, invariavelmente, os Ministros entendem que o *status* de integração de um indígena é algo que se dá na lógica "tudo ou nada", o que revela a incapacidade de compreender que, na prática, poderiam existir diferentes graus de integração, tal qual a legislação faz menção. Isso indica, ainda, que há uma expectativa de "pureza" com relação à "cultura" do indígena que se apresenta perante o Poder Judiciário e requer os benefícios penais presentes no Estatuto do Índio.

Ainda na fase de estudo do léxico das decisões, vimos que a expressão "indígena integrado", por sua vez, conecta-se, prevalentemente, com a ideia de integração ao grupo humano, que é identificado pelos julgadores como "seu", o que pode ser verificado quando eles se referem ao termo "sociedade" como "nossa". Há, na visão de mundo dos Ministros, uma oposição entre "sociedade e cultura brasileiras" relativamente a "sociedade e cultura indígenas", demonstrando que eles não compreendem que culturas indígenas possam integrar aquilo que é próprio da "cultura brasileira" e, vice-versa, sem que haja uma descaracterização de quaisquer das partes.

Outrossim, observamos que, para os magistrados, são argumentos que justificam os indígenas serem classificados como integrados: demonstrar algum domínio da língua portuguesa, possuir documentos, não provar inadaptação à "sociedade brasileira" ou à prisão, não estar isolados em aldeias, ter trabalho, conduzir veículo automotor, ter desenvoltura para prática criminosa, não se afirmar indígenas em interrogatório, ter diversas tatuagens, apresentar algum grau de escolaridade ou responder a outras ações penais.

Os argumentos elencados revelam o que os julgadores pensam do que deveria ser um indígena "verdadeiro", aquele cuja cultura não teria sido "imaculada" pela "cultura" não indígena, o que é uma compreensão muito superficial e descolada do conhecimento que se prestaria a tal avaliação, a antropologia.

É possível perceber também a semelhança entre essa forma de pensar com a que identificou Carneiro da Cunha (2009, p. 328), ao dizer que diversos setores da sociedade imaginam o conhecimento indígena como "[...] o avesso das ideias dominantes", uma vez que, nas decisões analisadas, há a frequente oposição entre traços, práticas e conhecimentos esperados de indígenas e aqueles da "sociedade nacional". Essa identificação, para a autora, seria uma "faca de dois gumes", pois, de um lado, valorizaria o *status* simbólico indígena, mas, do outro, condensaria a condição de indígena (Carneiro da Cunha, 2019, p. 332).

Na investigação a respeito dos usos e conceitos antropológicos fundamentais como "integração", "assimilação e "aculturação", verificamos que o conceito de "integração" é o mais empregado pelos Ministros. Para eles, esse conceito indicaria aquele indígena que tem conhecimentos dos costumes "inerentes" à sociedade civil ou então hábitos associados a essa sociedade civil, o que poderia ser identificado por elementos como o domínio da língua portuguesa ou a capacidade de compreensão das regras da sociedade não indígena, entre outros. A aculturação, para eles, seria um processo expresso em graus de incorporação pelos indígenas de quaisquer elementos, geralmente associados à cultura não indígena de modo irreversível e capaz de "corromper" a cultura indígena em sua essência.

Observamos também que, para os julgadores, a autoidentificação não tem relevância para a caracterização de indígena como integrado à sociedade, e os julgadores se consideram aptos a avaliar o grau de integração do indígena, em quase todos os casos, com base nos critérios estipulados unilateralmente por eles próprios.

Vimos, no tocante ao conceito de cultura utilizado pelos Ministros, que eles identificam a "cultura brasileira" como "cultura doadora" e a "cultura indígena" como "cultura receptora", de modo unilateral e irreversível. Esse tipo de pensamento revela uma expectativa de pureza com relação à cultura indígena que, por sua vez, leva, recorrentemente, à não concessão dos benefícios penais que o Estatuto do Índio garante aos indígenas. Dadas essas considerações, vimos que, sim, a concepção de cultura em que se baseiam os julgadores é de um conjunto de características de identidade estáticas. Possuem, portanto, uma visão essencialista do que seja cultura.

Essa visão de mundo dos magistrados-ministros do STJ consolida-se em decisões judiciais que adotam interpretações incompatíveis com o que convencionamos chamar de atual paradigma constitucional em razão do etnocentrismo implícito a elas, uma vez que carregam a ideia de que "[...] seus próprios valores culturais são naturais e superiores aos outros" (Morris, 2012, p. 84, tradução nossa), na medida em que se autorizam a julgar, por critérios próprios, quais pessoas seriam indígenas a ponto de receberem os benefícios penais previstos no Estatuto do Índio.

Como vimos no Capítulo 2 deste livro, no final dos anos 1960, iniciou-se uma mudança na percepção social sobre a política indigenista integracionista que havia no Brasil. Com o advento da redemocratização, foi promulgada a Constituição de 1988 e o direito indigenista brasileiro transformou-se inteiramente. Ele passou, com fundamento no art. 232 da Constituição, a reconhecer a diferença indígena, direito que é preexistente à própria Constituição, quando garantiu "[...] aos índios sua organização social, costumes, línguas, crenças e tradições" (Brasil, 1988a, s/p.), independentemente do local ou da passagem de tempo, devendo ser protegida a diversidade cultural de modo perene, sendo, por isso, incompatíveis com a Constituição interpretações do Estatuto do Índio que busquem avaliar seu "grau de integração", vedada a adoção de quaisquer critérios discriminatórios para classificá-los como indígenas ou não.

Diante do exposto, o expediente de fazer oposições entre "cultura nacional" e "cultura indígena", bem como exigir uma "pureza cultural" ou elencar argumentos discriminatórios, que têm subjacente uma concepção essencialista de cultura, são técnicas de decisão vedadas pelo direito brasileiro.

Da contraposição entre o atual paradigma constitucional, considerando inclusive as mais recentes incorporações de normas internacionais ao ordenamento jurídico brasileiro, vê-se que a jurisprudência do STJ está muito distante da consideração da autoidentificação como critério fundamental e da heteroidentificação por critérios intraétnicos como critério complementar, parâmetro sugerido no item 2.5 deste livro.

Como pudemos observar, a despeito do surgimento de um novo paradigma protetivo dos direitos dos povos indígenas no ordenamento jurídico brasileiro, há uma visão de mundo que se reflete nas decisões judiciais analisadas, que é incompatível com esse paradigma calcado em um direito à diferença dos povos indígenas. Essa visão de mundo caracteriza-se por entender os povos indígenas e sua cultura de modo etnocêntrico, superficial e em dissonância com o consenso antropológico e a melhor interpretação dos direitos dos povos indígenas, o que provoca um efeito negativo em relação à proteção dos direitos dos povos indígenas, pois influencia o Poder Judiciário em todas as instâncias judiciais inferiores.

A "visão de mundo" dos magistrados-ministros que se consolida em jurisprudência do STJ, por fim, vai de encontro à lição de Santos (1997) de que "[...] as pessoas têm o direito a ser iguais quando a diferença as inferioriza, e o direito a ser diferentes quando a igualdade as descaracteriza" (p. 122).

REFERÊNCIAS

ALMEIDA, Maria Regina Celestino de. **Os índios na história do Brasil**. Rio de Janeiro: Editora FGV, 2010.

ANTUNES, Paulo de Bessa. **Direito ambiental**. 21. ed. São Paulo: Atlas, 2020.

BARBOSA, Samuel Rodrigues. Usos da história na definição dos direitos territoriais indígenas no Brasil. *In*: BARBOSA, Samuel Rodrigues; CARNEIRO DA CUNHA, Manuela (org.). **Direitos dos povos indígenas em disputa**. São Paulo: UNESP, 2018. p. 125-137.

BARDIN, Laurence. **Análise de conteúdo**. Tradução de Luís Antero Reto e Augusto Pinheiro. São Paulo: Edições 70, 2016.

BASTIDE, Roger. **Antropologia aplicada**. Tradução de Maria Lucia Pereira e J. Guinbourg. 2. ed. São Paulo: Perspectiva, 2009.

BELLEY, Jean-Guy. PluralismeJuridique (Endroit). *In*: ARNAUD, André-Jean (dir.). **Dictionnaire Encyclopédique de Théorie et de Sociologie du Droit**. Paris: LGDJ, 1988. p. 300-303.

BEZERRA, André Augusto Salvador. Direitos dos povos indígenas como direitos à multiplicidade ontológica: um exame baseado nas demandas dos tupinambá. **Polifonia: Revista Internacional da Academia Paulista de Direito**, n. 1, p. 89-107, 2018.

BOURDIEU, Pierre. **O poder simbólico**. Rio de Janeiro: Bertrand Brasil, 1989.

BRANCO, Paulo Gustavo Gonet. Poder constituinte. *In*: MENDES, Gilmar Ferreira; BRANCO, Paulo Gustavo Gonet. **Curso de direito constitucional**. 13. ed. São Paulo: Saraiva, 2018. p. 101-133.

BRASIL. Decreto n.º 5.484, de 27 de junho de 1928. **Diário Oficial da União**, Brasília, 14 jul. 1928. Disponível em: https://www2.camara.leg.br/

legin/fed/decret/1920-1929/ decreto-5484-27-junho-1928-562434-publicacaooriginal-86456-pl.html. Acesso em: 20 maio 2020.

BRASIL. Constituição da República Federativa do Brasil de 1967. **Diário Oficial da União**, Brasília, 24 jan. 1967. Disponível em: http://www.planalto.gov.br/ccivil_03/constituicao/ constituicao67.htm. Acesso em: 18 jun. 2018.

BRASIL. Lei n.º 6.001, de 19 de dezembro de 1973. Dispõe sobre o Estatuto do Índio. **Diário Oficial da União**, 21 dez. 1973. Disponível em: http://www.planalto.gov.br/cci- vil_03/leis/L6001.htm. Acesso em: 18 jun. 2018.

BRASIL. Constituição (1988). **Constituição**: República Federativa do Brasil. Brasília, DF: Senado Federal, 1988a.

BRASIL. **Diário da Assembleia Nacional Constituinte**. 27 de janeiro de 1988b. Disponível em: https://www2.camara.leg.br/atividade-legislativa/legislacao/Constituicoes_Brasileiras/constituicao-cidada/o-processo--constituinte/comissao-de-sistematizacao/ COMSist23ext27011988.pdf. Acesso em: 1 jan. 2021.

BRASIL. Decreto n.º 5.051, de 19 de abril de 2004. Promulga a Convenção n.º 169 da Organização Internacional do Trabalho – OIT sobre Povos Indígenas e Tribais. **Diário Oficial da União**, Brasília, DF, 20 abr. 2004. Disponível em: http://www.planalto.gov.br/ ccivil_03/_ato2004-2006/2004/decreto/d5051.htm. Acesso em: 6 abr. 2019.

BRASIL. Superior Tribunal de Justiça. **Organograma Estrutura Básica do STJ**. 2019. Disponível em: http://www.stj.jus.br/static_files/STJ/Midias/arquivos/Org_Estrutura_Basica. pdf. Acesso em: 1 jun. 2019.

CARNEIRO DA CUNHA, Manuela. **Cultura com aspas e outros ensaios**. São Paulo: Cosac Naify, 2009.

CARNEIRO DA CUNHA, Manuela. **Índios no Brasil: história, direitos e cidadania**. São Paulo: Claro Enigma, 2012.

CARNEIRO DA CUNHA, Manuela. Povos da megadiversidade. **Revista Piauí**, São Paulo, p. 36, jan. 2019.

CLASTRES, Pierre. **A sociedade contra o Estado**: pesquisas de antropologia política. Tradução de Theo Santiago. São Paulo: Cosac Naify, 2013.

CNBB. **Y-juca-pirama – O índio**: aquele que deve morrer. Brasília: CNBB, 1973. Disponível em: https://acervo.socioambiental.org/acervo/documentos/y-juca-pirama-o-indio-

-aquele-que-deve-morrer. Acesso em: 20 jun. 2019.

DIAS, Camila Loureiro; CAPIBERIBE, Artionka. **Os** índios **na Constituição**. Cotia: Ateliê Editorial, 2019.

EBERHARD, Christoph. Para uma teoria jurídica intercultural: o desafio dialógico. **Direito e Democracia**, Canoas, v. 3, n. 2, p. 498-530, 2.º sem. 2002.

ELIAS, Norbert. **O processo civilizador**. Rio de Janeiro: Zahar, 1994a. v. 1.

ELIAS, Norbert. **O processo civilizador**. Rio de Janeiro: Zahar, 1994b. v. 2.

FAJARDO, Raquel Z. Yrigoyen. El horizonte del constitucionalismo pluralista: del multiculturalismo a ladescolonización. *In*: GARAVITO, César Rodríguez (coord.). **El derecho en América Latina**: un mapa para el pensamento jurídico delsiglo XXI. Buenos Aires: Siglo Veintiuno Editores, 2011.

FERNANDES, Pádua. Povos indígenas, segurança nacional e a Assembleia Nacional Constituinte. **InSURgência: Revista de Direitos e Movimentos Sociais**, v. 1, n. 2, p. 142-175, 2015.

GASPARI, Elio. **A ditadura escancarada**. 2. ed. Rio de Janeiro: Intrínseca, 2014.

GEERTZ, Clifford. **O saber local**: novos ensaios em antropologia interpretativa. Tradução de Vera Joscelyne. 14. ed. Petrópolis: Vozes, 2014.

GEERTZ, Clifford. **A interpretação das culturas**. Rio de Janeiro: LTC, 2017.

GOMES, Mércio Pereira. **Os** índios **e o Brasil**: passado, presente e futuro. São Paulo: Contexto, 2018.

HEMMING, John. **Die if you must**: Brazilian Indians in the twentieth century. London: Macmillan, 2003.

HESPANHA, António Manuel. **Cultura jurídica europeia**: síntese de um milênio. Coimbra: Almedina, 2012.

HESSE, Konrad. **A força normativa da Constituição**. Tradução de Gilmar Ferreira Mendes. Porto Alegre: Fabris, 1991.

KRENAK, Ailton. Discurso de Ailton Krenak, em 04/09/1987, na Assembleia Constituinte, Brasília, Brasil". **GIS – Gesto, Imagem e Som – Revista de Antropologia**, São Paulo, v. 4, n. 1, p. 421-422, 2019. Disponível em: https://doi.org/10.11606/issn.2525-3123.gis.2019.162846. Acesso em: 16 jun. 2020.

LARAIA, Roque de Barros. Integração e utopia. **Revista de Cultura Vozes**, v. LXX, n. 3, p. 3-13, 1976.

LARAIA, Roque de Barros. **Cultura**: um conceito antropológico. Rio de Janeiro: Zahar, 1986.

LÉVI-STRAUSS, Claude. **Antropologia estrutural dois**. Tradução de Beatriz Perrone-Moisés. São Paulo: Cosac Naify, 2013.

LÉVI-STRAUSS, Claude. **O olhar distanciado**. Tradução de Carmen de Carvalho. Lisboa: Edições 70, 1986.

LEWIS, Henry. Genocídio. **Revista Piauí**, São Paulo, p. 40, jan. 2019.

MACHADO, Uirá (coord.). **Manual da redação**: Folha de S. Paulo. 21. ed. São Paulo: Publifolha, 2018.

MAUÉS, Antônio Moreira. Supralegalidade dos tratados internacionais de direitos humanos e interpretação constitucional. **Revista Internacional de Direitos Humanos**, v. 10, n. 18, p. 215-234, 2013.

MENDES, Gilmar Ferreira; MUDROVISTCH, Rodrigo de Bittencourt. Introdução: os primeiros 25 anos da Constituição Federal – A celebração do inesperado. *In*: MENDES, Gilmar Ferreira; MUDROVISTCH, Rodrigo de

Bittencourt. **Assembleia Nacional Constituinte de 1987-1988**: análise crítica. São Paulo: Saraiva, 2017.

MEZZAROBA, Orides; MONTEIRO, Cláudia Servilha. **Manual de metodologia da pesquisa no direito**. 6. ed. São Paulo: Saraiva, 2014.

MODERNELL, Bárbara D. Lago; OLIVEIRA, Denizom Moreira de. O novo constitucionalismo latino-americano e os desafios para uma sociedade plural e jusdiversa. *In*: SILVEIRA, Edson Damas da; CAMARGO, Serguei Aily Franco de (coord.). **Socioambientalismo de fronteiras**. Direito indígena e ambiental. Curitiba: Juruá, 2018. v. VI, p. 39-59.

MORRIS, Mike. **Concise dictionary of social and cultural anthropology**. New Jersey: Wiley-Blackwell, 2012.

PACHECO DE OLIVEIRA, João. **O nascimento do Brasil e outros ensaios**: "pacificação", regime tutelar e formação de alteridades. Rio de Janeiro: Contra Capa, 2016.

RAMOS, André de Carvalho. **Curso de direitos humanos**. São Paulo: Saraiva, 2021.

RELATÓRIO FIGUEIREDO. **Relatório da Comissão de Inquérito instituída pela Portaria 239/1967, do Senhor Ministro do Interior** – para apurar irregularidades no SPI, v. 1, 1967. Disponível em: http://www.mpf.mp.br/atuacao-tematica/ccr6/dados-da-atuacao/grupos-de-trabalho/violacao-dos-direitos-dos-povos-indigenas-e-registro-militar/relatorio-figueiredo. Acesso em: 2 maio 2019.

RIBEIRO, Darcy. **Os índios e a civilização**: a integração das populações indígenas no Brasil moderno. 7. ed. São Paulo: Global, 2017.

RIBEIRO, Djamila. **Lugar de fala**. São Paulo: Pólen, 2019.

ROULAND, Norbert. PluralismeJuridique (Théorieanthropologique). *In*: ARNAUD, André-Jean (dir.). **Dictionnaire Encyclopédique de Théorie et de Sociologie du Droit**. Paris: LGDJ, 1988. p. 303-304.

ROULAND, Norbert. **Nos confins do direito**. São Paulo: Martins Fontes, 2008.

SANTOS, Boaventura de Sousa. Uma concepção multicultural de direitos humanos. **Lua Nova: Revista de Cultura e Política**, n. 39, p. 105-124, 1997.

SILVA, José Afonso da. **Curso de direito constitucional positivo**. São Paulo: Malheiros, 2014.

SOUZA FILHO, Carlos Frederico Marés de. **O renascer dos povos indígenas para o direito**. Curitiba: Juruá, 2018.

TILLY, Charles. **Coertion, capital and european states, AD 990-1990.** Cambridge: Blackwell, 1995.

VALENTE, Rubens. **Os fuzis e as flechas**: história de sangue e resistência indígena na ditadura. São Paulo: Companhia das Letras, 2017.

VEÇOSO, Fabia Fernandes Carvalho *et al.* A pesquisa em direito e as bases eletrônicas de julgados dos tribunais: matrizes de análise e aplicação no Supremo Tribunal Federal e no Superior Tribunal de Justiça. **Revista de Estudos Empíricos em Direito**, v. 1, n. 1, p. 105-139, jan. 2014.

VIEIRA, Oscar Vilhena. **A batalha dos poderes**. São Paulo: Companhia das Letras, 2018.

VILLARES, Luiz Fernando. **Direito e povos indígenas**. Curitiba: Juruá, 2009.

VILLAS BÔAS FILHO, Orlando. Tendências da análise antropológica do direito: algumas questões a partir da perspectiva francófona. **Revista Direito GV**, v. 6, n. 1, p. 321-218, jan./jun. 2010.

VILLAS BÔAS FILHO, Orlando. A construção do campo indigenista no Brasil. *In*: VILLAS BÔAS FILHO, Orlando (org.). **Orlando Villas Bôas**: e a construção do indigenismo no Brasil. São Paulo: Editora Mackenzie, 2014. p. 121-171.

VILLAS BÔAS FILHO, Orlando. A juridicização e o campo indigenista no Brasil: uma abordagem interdisciplinar. **Revista da Faculdade de Direito da USP**, São Paulo, v. 111, p. 339-379, 2016.

VILLAS BÔAS FILHO, Orlando. A juridicização e os povos indígenas no Brasil. *In*: LIMA, Emanuel Fonseca; WATSON, Carmen Soledad Aurazo de (org.). **Identidade e diversidade cultural na América Latina.** Porto Alegre: Editora Fi, 2017a. p. 21-52.

VILLAS BÔAS FILHO, Orlando. Os direitos indígenas no Brasil contemporâneo. *In*: BITTAR, Eduardo C. **História do direito brasileiro**. 4. ed. São Paulo: Atlas, 2017b. p. 322-335.

VILLAS BÔAS FILHO, Orlando. A análise antropológica no âmbito dos estudos sociojurídicos: aportes para a construção de um campo interdisciplinar. **Revista Pensamento Jurídico**, v. 12, n. 2, 2018.

VILLAS BÔAS FILHO, Orlando. Desafios da pesquisa interdisciplinar: as ciências sociais como instrumentos de "vigilância epistemológica" no campo dos estudos sociojurídicos. **REI – Revista Estudos Institucionais**, v. 5, n. 2, p. 530-558, 2019.